餐旅教材教法與實習

（第二版）

高中職餐旅群

五南圖書出版公司 印行

陳紫玲 著

CONTENTS
目　錄

第一篇

教材篇

　　餐旅群屬於家事類，包含二個主要的科別：餐飲管理科及觀光事業科。由於餐旅群的專業科目不少，要在此群擔任教師者，必須對任教科目及教學內容先有瞭解，才能針對專業的內容來授課，本篇將以三章來介紹餐旅群的教材及課程設計，以利新任教者有方向可循。

　　本篇包含：第一章職業類科的課程綱要；第二章課程設計；第三章授課計畫與教案編寫。

第一章　職業類科課程綱要

第二章　課程設計

第三章　授課計畫與教案編寫

第一章

職業類科課程綱要

　　本章旨在探討職業教育的發展、分類及餐旅群的教育概況，並比較99課綱及107課綱的差異。

第一節　職業教育的發展

在探討高中職課綱之前，必須先對職業教育的發過程有所瞭解，才能由各階段的教育目標、課程綱要來分析新舊課程的差異。因此，以下歸納臺灣的職業教育發展以及趨勢，資料來源大部份取自於教育部史。

一、職業教育的萌芽期（民國50年至60年代）

從臺灣的教育部史中，首次看到民國53年（1964）10月教育部公布〈職業學校課程標準〉，可以象徵臺灣正視職業教育的開始。民國54年3月教育部公布〈職業學校設備標準〉，職業學校應有的教學設備準備，在此時同步被重視。到了民國57年5月教育部成立專科職業教育司（民國62年改名技術及職業教育司），亦代表此時期，教育部將職業教育視爲教育軌道上的一個主要類別。同年7月教育部爲配合九年國民義務教育之實施，停辦初職及五年制高職，高職招收國中及初中畢業生，修業三年（教育部，2016）。在此時期，確認高職爲高級中等學校的另一個選擇。

二、高中職教育定位期（民國80年至100年代）

㈠二條升學管道同時併進

臺灣沿襲中華民族的「萬般皆下品，唯有讀書高」的傳統思想，大部份的家庭培育孩子的方針，都是以讀高中爲升學的首選，傳統的錯誤思想，認爲只有讀不好書的，才會去選擇職業類科。民國80年8月教育部決議高中、高職學生比例將調整爲4：6（教育部，2016），此宣示意味著臺灣二條教育管道已幾乎各佔一半的趨勢。也顯示出，升學的選擇除了傳統高中，高職亦是另一個選項。

民國84年教育部統計，爲輔導國中畢業生自願就學，至83學年度止，臺灣地區已成立9個大型技藝教育中心，58個小型技藝教育中心。這個政策，更是希望在國中階段就提供學生另一個選項，希望學業低成就的學生，能在國中三年級找到另一個出路，學得一技之長，使得這些學生，發揮行行出狀元的精神，以技藝專長，穩定的踏上另一條求學或就業的道路。

㈡試辦綜合高中及完全中學

民國84年9月教育部也同時公布〈高級職業學校試辦學年學分制實施要點〉，將修習學分數下限降低至160學分，選修科目放寬爲30%至50%。使學生在職業的課程上，可以有更多選修專業科目的可能性。而爲了另一群喜歡做中學的學子，教育部在民國85年6月修正發布〈建教合作實施辦法〉，

其主要修正重點在於擴大彈性，方便各校辦理建教合作，讓學生得以在高中階段，以做中學的方式，學習應有的技能及專業知識。而民國85年8月教育部公布〈試辦綜合高中實驗課程實施要點〉，自85學年度開始試行，並由18所高中、高職開始實施綜合高中實驗課程。同時開啓學生在高中、高職中延緩分流的機會。

(三) **課程標準及課程綱要的實施**

到了民國87年5月教育部公布〈高級職業學校課程標準〉，自89學年度正式實施。此課程的標準訂定，使各校有所遵循的方向；在這個課程標準中，將高職課程分爲一般科目、工業、商業、家事、農業、海事水產、護理、藝術等七大類及七十科，各個類科組成專家小組進行課程的訂定，並不斷的溝通，直到標準完成，民國89學年正式實施。此時的課程是由「單位行業課程」再到「單位行業課程與職業群集課程並行的學年學分制」（許麗雯，2012）。

民國88年7月總統令修正公布〈高級中學法〉，增列完全中學、綜合高級中學及實驗高級中學之法源。規定高中應建立申訴制度，學年學分制取代學時制，「課程綱要」取代「課程標準」，多元入學方案取得法源依據，高中廢除留級制（教育部，2016）。到了民國90年，教育部進一步訂定〈教育部補助高級職業學校改善教學設施實施要點〉，期望學校能夠購買符合課程發展的設備，提升職業學校的教學品質。另一方面，民國91年將全國高中職全數納入高中職社區化計畫，於95學年度達成八成國中生就近升學社區高中職計畫目標，使社區學子，都能全部找到適合的學校且就近就讀。同時期，爲了讓高職階段的實習制度更健全，民國93年3月教育部同時訂定高級職業學校輪調式、階梯式、實習式建教合作教育三個作業規範（教育部，2016）。

(四) **95暫綱的實施**

民國94年2月教育部訂定發布〈職業學校群科課程暫行綱要〉，並自95學年度起實施。此爲「95暫綱」，實施到97學年度，直到民國97年3月發布〈職業學校群科課程綱要〉，自98學年度起實施新的課程綱要，但因爲溝通的過程有所疑慮，延至99學年度才開始正的實施。

技職教育愈來愈成熟，爲了顯現教育部對技職教育的重視，民國99年首度舉辦「技職教育貢獻獎」遴選活動，獎勵對技職教育有特殊貢獻的社會人士或團體。此等獎項的頒佈，對技職體系的師生，有許多鼓勵的作用。

(五) **99課綱的實施**

爲使職業學校95暫綱順利推展並協助發展99課綱，教育部於民國95年設

置職業學校群科課程中心學校，並由國立高雄餐旅大學籌辦。依職業學校不同專業屬性分成15群，其中包含了餐旅群。因此，原本附屬於商業群的餐飲管理科與觀光事業科乃歸屬於單獨的一群。各群並規劃核心課程，強化學校本位課程，減少教育部訂必修科目數，校訂科目可依學校屬性、特色自行發展。群科中心的主要工作任務是為配合95暫綱之實施，推動教學資源分享，辦理群科課程研習，以提升教學成效；並建置群科中心網頁，發行電子報；同時規劃人才庫資料，提供職校未來發展課程時所需之諮詢輔導人才，並持續蒐集群內職校各科目之教學資源，作為全國職校教師教學參考之資料庫（教育部，2011）。規劃完成的98課綱因故延後一年實施，改稱99課綱。

㈥ 107課綱的實施

每三年的課程綱要因應需求檢討，教育部組成課綱研擬小組，在民國102年開始啟動105課綱的研擬，多次邀請專家參與討論，初稿訂定後，為使大眾皆能接受新課綱的規劃，經過公聽會溝通，解決疑義，延至107年才開始實施，因此稱為107課綱，本書也將最後二個階段：99課綱及107課綱的課程架構及內容，作一比較與分析，以利未來的餐旅群教師任教。

三、技術高中取代高職

民國102年7月總統令公布〈高級中等教育法〉，確立十二年國民基本教育實施法源，並於民國105年6月再修正。民國102年12月教育部發布〈高級中等教育法施行細則〉。此法一通過，使得高職此名詞正式消失。因應時代的變遷，12年國教的政策發展，高職及高中合而為一，同樣稱為高中，但實質上仍有所分別。依照新修改的〈高級中等教育法所〉第5條：「高級中等學校分為下列類型：普通型高級中學、技術型高級中學、綜合型高級中等學校、單科型高級中等學校。」其中，技術型高級中等學校以「提供專業及實習學科為主課程，包括實用技能及建教合作，強化學生專門技術及職業能力的學校。」此法中，以技術型高級中等學校取代高職的名詞，從此，高職此名詞走向歷史，但實質上，仍以技術型高中或綜合型高中等方式存在著，亦即只要有提供專業或實習課程的高級中等學校，即可視為實質上的高中職業類科，只是依專業及實習課程教授的多寡，而職業化程度有所不同。

四、職業類科教師的專業化

㈠ 教師檢定的變革

民國92年7月教育部訂定發布〈高級中等以下學校及幼稚園教師資格檢定辦法〉，未來修畢師資職前教育課程者，須通過檢定考試，始能取得合格

教師資格，使高職、中教師的人才素質都能達到一定的標準。在民國92年開始，所有任教高中以下的教師皆需在教師實習後，參加教師檢定考試，而從107學年度之後，教師檢定改成於修畢教育學程後，可直接報考，通過後才到教育現場實習，以利未來任教教師之生涯規劃。

　　㈡**強調職業類科教師的專業經驗**

　　民國104年1月總統令公布〈技術及職業教育法〉。明載第15條「學校應鼓勵教師及學生參與技藝競賽或取得與所學及就業相關之證照，提升學生就業能力；辦理績效卓著之學校，主管機關得予獎勵。」民國104年9月教育部訂定發布〈高級中等以上學校推動教師及學生取得證照及參與技藝競賽獎勵辦法〉。民國104年12月教育部國民及學前教育署辦理全國高級中等學校104學年度商業類學生技藝競賽。此法條說明了，未來任教職業類科的教師，除了教育專業外，在職業程度的專業化，必須要求自我通過相關的行業證照。並且，未來任教時，亦須以輔導學生取得相關證照為己任，甚至於帶著學生參加各種競賽，增加學生的就業力，並為職業類科學生形塑專業的形象。透過這些辦法的律定，顯示未來在技藝競賽及技藝教育的實施都是政府重視的政策，未來任教職業類科的教師，應有所準備，除了教師資格，專業證照的考試以及技藝的磨練，都不可缺少。

　　同一法規中的第24條「高級中等以下學校師資職前教育課程應將職業教育與訓練、生涯規劃相關科目列為必修學分。高級中等學校職業群科師資職前教育課程，應包括時數至少十八小時之業界實習，由師資培育大學安排之。」此法條強調任教教師必須要有生涯規劃的素養，並對任教的產業有實質的認識。然十八小時的業界實習，僅是法規中最少的限制，本書建議未來任教職業類科的教師，在任教前，應最少有一年以上的體驗，並每隔一段時間，透過各種型式接近產業，瞭解最新的產業趨勢，才能將最新的資訊及技能教授給未來的學子。

第二節　職業類群的分類

　　據於第一節所述職業群科的歷史及演變，目前高職共分十五群、二十一類如表1-1，目前本書所針對描述的為餐旅群，屬於家事類群。而此群中，目前只有二個科，一為餐飲管理科，一為觀光事業科。

表1-1　高職（技術高中）分群

編號	群類別	103年度三年級學生數	編號	群類別	103年度三年級學生數
1	機械群	11,898	11	食品群	2,701
2	動力機械群	9,836	12	家政群幼保類	2,521
3	電機與電子群電機類	8,387	13	家政群生活應用類	9,854
4	電機與電子群資電類	14,617	14	農業群	2,539
5	化工群	2,026	15	外語群英語類	5,783
6	土木與建築群	2,650	16	外語群日語類	2,286
7	設計群	11,462	17	餐旅群	34,185
8	工程與管理類	－	18	海事群	505
9	商業與管理群	30,109	19	水產群	408
10	衛生與護理類	－	20	藝術群影視類	1,162
			21	藝術群其他類	2,015
總計					154,944

資料來源：教育部（2015）。中華民國104年度教育統計。取自https://stats.moe.tw/files/ebook/Education Statistics/104/104 edu.pdf。

　　但因少子化浪潮的來襲，加上高中的設立增加，各個高職（即技術高中）的學生愈來愈少，據教育部推估，高級中等教育階段，119學年一年級新生將減為21.6萬人，較103學年減少6.8萬人或23.9%，其間以102～108學年期間受少子女化之衝擊最深，105學年起，新生人數均低於30萬人。其後各學年間或受生肖效應互有升降，至119學年則受政府近年推動諸多鼓勵生育政策，致出生人口正成長之影響，進入就讀一年級學生數回升為21.6萬人。以全體學生總數觀察，高級中等教育學生由103學年87.3萬人降至119學年61.6萬人，共減少25.8萬人，幅度近3成（教育部，2016）。因此趨勢，餐旅群的高職生人數雖然在105學年度為各群中人數最多者，但未來，也一樣會順勢下降。這種趨勢，也會間接影響餐旅群的教師師資需求。

各教育階段學生實際數與推估數

單位：萬人

學年度	國民小學		國民中學			高級中等教育			大專校院一年級（中推估）
		一年級		七年級	畢業生		一年級	畢業生	
90	192.5	32.0	93.6	31.7	30.0	99.3	32.6	32.6	27.6
95	179.8	28.6	95.2	31.8	31.4	94.6	33.2	28.8	26.7
100	145.7	20.9	87.3	27.2	30.9	95.4	33.4	29.6	27.6
101	137.3	20.2	84.5	28.6	28.5	94.8	32.8	29.5	27.8
102	129.7	19.9	83.2	27.5	26.8	91.7	30.2	29.4	27.1
103	125.3	19.8	80.3	24.3	28.3	87.3	28.4	29.2	27.2
104	121.5	19.3	74.7	23.0	27.3	85.0	30.1	27.1	27.3
105	117.6	17.6	68.7	21.5	24.1	83.6	28.9	25.4	25.4
106	115.0	18.3	65.3	20.9	22.8	80.7	25.5	26.8	23.9
107	116.4	21.6	62.5	20.2	21.3	75.1	24.2	25.9	25.2
108	117.7	21.2	60.9	19.9	20.7	69.1	22.6	22.8	24.3
109	117.3	19.4	59.8	19.8	20.0	65.7	22.0	21.6	21.5
110	118.6	20.5	58.9	19.3	19.7	62.9	21.2	20.2	20.4
111	121.2	20.2	56.6	17.6	19.6	61.3	20.9	19.6	19.2
112	122.7	19.9	55.1	18.4	19.1	60.2	20.8	19.0	18.7
113	120.7	19.5	57.5	21.6	17.4	59.3	20.3	18.7	18.1
114	118.7	19.2	61.1	21.2	18.2	56.9	18.5	18.6	17.8
115	118.2	19.0	62.2	19.4	21.4	55.5	19.3	18.1	17.8
116	116.4	18.7	61.1	20.6	21.1	58.0	22.7	16.5	17.3
117	114.9	18.6	60.1	20.2	19.2	61.6	22.3	17.2	15.9
118	113.5	18.5	60.6	19.9	20.4	62.5	20.4	20.3	16.5
119	112.3	18.4	59.6	19.5	20.0	61.6	21.6	20.0	19.3

說明：虛線以下為推估數。

圖1-1　少子化各階段人數預估

資料來源：教育部（2016）。摘自：http://stats.moe.gov.tw/files/brief/%E6%9C%AA%E4%BE%8616%E5%B9%B4（104%EF%BD%9E119%E5%AD%B8%E5%B9%B4%E5%BA%A6）%E5%90%84%E6%95%99%E8%82%B2%E9%9A%8E%E6%AE%B5%E5%AD%B8%E7%94%9F%E4%BA%BA%E6%95%B8%E6%8E%A8%E4%BC%B0%E7%B5%90%E6%9E%9C.pdf。

第三節　技術高中餐旅群教育概況

　　餐旅群在分類群中，為十五群中的一群，一般日間部招生科別包含餐飲管理科及觀光事科二科；但實用技能學程的科別就很多元，例如：「餐飲技術科」、「中餐廚師科」、「旅遊事務科」、「烹調技術科」、「觀光事務科」等，依實際培養的從業人才設計課程，科名也不一樣。若以綜合高中的相關學程而言，名稱亦不相同，例如：「餐飲服務」、「餐飲技術」、「餐飲管理」、「觀光事務」、「觀光事業」、「觀光餐飲」等學程。就業選擇主要有：餐飲業內場人員－廚師、餐飲業外場人員－調酒師、服務員，旅行業從業人員及相關行業基層服務人員等。

　　餐旅群應學習之專業能力歸納如下三大主軸，以符應行業的需求：

一、具備餐旅英文對話。

二、產品製作和設備的操作。

三、培養餐旅業應有的服務態度、安全概念、衛生概念和職場倫理。

　　臺灣從民國68年開放觀光後，觀光旅遊及餐旅行業逐漸掘起，加上周休二日的制度，使得國人有更多的時間可以從事休閒活動，自然在人才的需求上也日益增加。我國高職（技術高中）觀光餐旅從業人才的培育，從1973年省立鳳山商業職業學校成立觀光事業科，1984年臺中高農（現更名為國立中興大學附屬臺中農業職業學校）設立餐飲科補校，1985年淡水商工設立日間部餐飲科開始，正式將觀光餐飲旅館專業人才培育向下延伸至高級職業學校，以滿足市場基礎從業人才之需求（洪怡靜，2013；徐明珠，2006；產學合作資訊網，2014；黃政傑，2014；雙軌訓練旗艦計畫，2014；教育部統計處，2014；教育部統計處，2016；廖俞婷，2014；蔡振蒼，2008）。

　　受到少子化的影響，全國就讀高中總人數持續下滑，但就讀餐旅群相關科別的學生人數卻逐年成長，此種現象，象徵臺灣餐旅、觀光產業的蓬勃發展，但同時，也使教育相關單位有所憂慮，擔心間接影響臺灣產業的均衡發展。餐旅群教育的發展紀事，如表1-2所示。

表1-2　我國高中階段餐旅群教育發展紀事

年度	發展記事
1973	省立鳳山商業職業學校（今日之國立鳳山商工）成立觀光事業科。
1984	省立臺中高級農業職業學校（今日之國立中興大學附屬臺中高級農學校）設立夜間補校餐飲管理科秋季延教班。
1985	省立淡水商工（今日之國立淡水商工）首設餐飲管理科。

年度	發展記事
1992	夜間補校已有五所學校設立餐飲管理科實用技能班。
1994	修正職業學校法第四條：增列第三項將延教班實驗計畫納入條文中，並定名為「實用技能班」，使其成為正式學制。
1995	「實用技能班」更名為「實用技能學程」。
1996	開平高級中學成立（試辦）綜合高中餐飲學程。
2005	國立臺中高級農業職業學校辦理日校餐飲服務類臺德菁英計畫（臺德班）。
2005	國立高雄餐旅大學，召集高中職代表及大學代表研擬課程綱要。
2007	國立高雄餐旅大學承接餐旅群科中心。
2009	將「臺德菁英計畫」更名為「雙軌訓練旗艦計畫」，職業類科服務類開辦餐飲服務、餐飲料理（廚師）、烘焙技術三大職種。
2011	新北市淡水商工承接「餐旅類群科中心及課程發展中心」。
2015	國立高雄餐旅大學附屬餐旅高級中學設立，成為全國第一個從國中便實施餐旅技職教育的完全中學，體制為技術型高中。

資料來源：修改自廖俞婷（2015）。技術型高級中等學校餐旅群學生學習壓力、情緒智力與幸福感之相關研究。頁14。

　　歷年就讀人數及趨勢則可參考表1-3及圖1-2。從91學年度至104學年度，高中生的新生人數大約在30萬上下，而就讀餐旅群的高中新生卻從1萬5千人躍升至3萬人以上，成為各群之首，此種現象與臺灣產業的轉變有很大的相關，與大學科系的熱門排行也相呼應。臺灣近幾年餐旅相關教育成長快速，教育部統計處104學年度的統計分析顯示，近6年大學校院學生人數增加最多之系所，學士班以餐飲、餐旅、觀光囊括前三大，且共有七個相關學系名列前10，合計增加3萬人，主因看好觀光商機及所衍生的相關服務產業人力需求，影響所及，按總學生人數排行，餐飲管理學系排名由98學年第13前進至104學年第8（統計處，2016）。大學的熱門科系，自然亦受到技術高中生源的影響。

表1-3　餐旅群高中歷年新生就讀人數

學年度	全國入學新生（人）	就讀餐旅群（人）	佔全國新生人數%
91	296,978	15,389	5.18
92	310,073	18,156	5.86
93	314,130	20,540	6.54
94	319,331	23,618	7.40
95	314,760	26,270	8.35

學年度	全國入學新生（人）	就讀餐旅群（人）	佔全國新生人數%
96	314,024	29,676	9.45
97	317,174	32,173	10.14
98	314,134	34,025	10.83
99	314,649	35,339	11.23
100	314,708	35,824	11.38
101	308,630	37,207	12.06
102	283,561	34,518	12.17
103	266,879	33,653	12.61
104	294,080	31,767	10.80

資料來源：修改自廖俞婷（2015）。技術型高級中等學校餐旅群學生學習壓力、情緒智力與幸福感之相關研究，頁15。教育部統計處（2016）。高級中等學校科別資料。http://depart.moe.edu.tw/ED4500/News_Content.aspx?n=5A930C32CC6C3818&sms=91B3AAE8C6388B96&s=159044407A762F30。

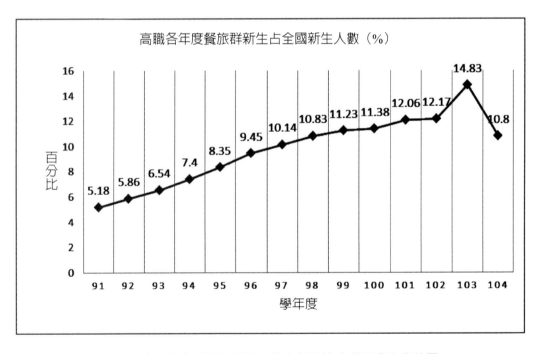

圖1-2　高中餐旅群歷年就讀人數占新生總人數百分比趨勢圖

資料來源：修改自廖俞婷（2015）。技術型高級中等學校餐旅群學生學習壓力、情緒智力與幸福感之相關研究。頁16。教育部統計處（2016）。高級中等學校科別資料。http://depart.moe.edu.tw/ED4500/News_Content.aspx?n=5A930C32CC6C3818&sms=91B3AAE8C6388B96&s=159044407A762F30。

　　雖然餐旅群的高中及大學招生人數持續上升，但受少子化的影響，以及

國內經濟成長的疲乏，教育相關單位在內需市場未擴大，而國際觀光客也未大幅成長之時，應小心因應，在人才的培育上，應強調學生就業能力及轉換行業的能力，使學生未來的生涯路徑可有更多的選擇，並使學生面對未來的挑戰，有更高的適應能力。

第四節　餐旅群99課程綱要與107課程綱要的比較

　　每一時期所發展出的新課綱一定都是趨近符合時下社會變化與需求，但在高職教育體系中，其課程約十年會修訂一次，二十年更會有大轉變（林俊彥，2003；曾明山，2009）。餐旅群從85課程標準，發展至95暫綱、99課綱，以至107課綱，大約是5年調整一次。以下將對餐旅群一般科別的課程中，又以正在實施餐旅群99課綱及即將實施的107課綱之教育目標與專業核心能力做分析，並進一步瞭解課程架構、專業核心科目之課程設計及專業考科等內容一一分析。

一、教育目標與專業核心能力之內容分析

(一) 群教育目標

　　由表1-4看來，餐旅群的群教育目標在107年特別加以強調態度面的目標，舉凡互助合作、職業倫理、職業安全及良好的工作態度，都是107課綱除了原來的二個99課綱的目標外，所加以強調的。

表1-4　餐旅群教育目標

學年度	教　育　目　標
99	1.培養學生具備餐旅群共同核心能力，並為相關專業領域之學習或高一層級專業知能之進修奠定基礎 2.培養健全餐旅相關產業之實用技術人才，能擔任餐旅領域有關餐廳、旅館、旅遊及休閒等工作
107	1.培養學生具備餐旅群共同核心能力，並為相關專業領域之學習或更高層級專業知能之進修奠定基礎 2.培養學生具備餐旅相關產業基層從業人員，能擔任餐旅領域有關觀光、旅遊、休閒、旅館及餐飲等工作 3.培養學生於餐旅工作中學習互助合作、建立職場倫理、重視職業安全，並培養出良好的工作態度與情操

資料來源：國家教育研究院（2016）。十二年國民基本教育技術高中群科課程綱要（餐旅群）。2016年11月15日，取自https://drive.google.com/file/d/0B5K1SI3Se-1ZUVBFcmw0NUd1bzg/view。

(二) **科教育目標**

在表1-5中顯示99課綱與107課綱的科教育目標仍無大太差異，唯有99課綱中仍稱職業學校，而在107課綱中則因法律修正後，將職業學校統一稱為技術型高中。而且，由於餐旅群分為餐飲管理科及觀光事業科，因此科的目標，會依學校的屬性及特色來明確訂定。

表1-5　科教育目標表

學年度	教　育　目　標
99	各校應依據職業學校教育目標、群教育目標、學校特色、產業與學生需求及群核心能力等條件，訂定明確之科教育目標
107	各校應依據技術型高級中等學校教育目標、群教育目標、學校特色、產業與學生需求及群核心能力等條件，訂定明確之科教育目標

資料來源：國家教育研究院（2016）。十二年國民基本教育技術高中群科課程綱要（餐旅群）。2016年11月15日，取自https://drive.google.com/file/d/0B5K1SI3Se-1ZUVBFcmw0NUd1bzg/view。

(三) **專業核心能力**

由表1-6可知，99課綱在修改95暫綱的缺失後，期望加強於專業核心能力方面，並得到升學與就業兼顧，且培養學生繼續進修之能力，107課綱的核心能力規劃得差不多，惟將餐服技巧此項核心能力與製備與操作能力合併為一項。

表1-6　專業核心能力表

學年度	專業核心能力
99	1.具備餐旅英文與會話之基礎能力 2.具備餐旅服務技巧之基本能力 3.具備安全與衛生之餐旅服務基礎知能 4.具備餐旅產品製作之基礎能力 5.具備餐旅相關產業產品的製備與操作能力 6.具備正確的餐旅業從業服務態度及職場倫理 ★科專業能力： 　各科應依據學校特色、職場需求、學生生涯發展等，依其專業屬性及職場發展趨勢敘寫科專業能力
107	1.具備餐旅相關專業領域之基礎知識 2.具備餐旅安全與衛生之基礎知能 3.具備餐旅英文會話之基礎能力 4.具備餐旅服務、製備與操作之基礎能力 5.具備餐旅業從業態度與職場倫理 ★科專業能力 　各科應依據學校特色、職場需求、學生生涯發展等，依其專業屬性及職場發展趨勢研訂科專業能力

資料來源：國家教育院（2016）。十二年國民基本教育技術群科課程綱要（餐旅群）。

二、課程架構之內容分析

　　課程分為部定必修及校訂必、選修兩大部分，99課綱部定必修占49.0～54.2%、校訂必選修占45.8%～51.0%，如表1-7所示，依此看來各占一半的比例。從63學年度的5%；76學年度的5～10%；89學年度的15～35%到95學年度的43.8～48%（施爾雅，2008），然在每一次的課程改革中，校訂科目的比例逐步增加，此乃顯示實踐多元彈性的目標，給予各校更大的彈性空間。107課程架構的部定必修科目從49.0～54.2%增加到59.4～64.6%，比99課綱增加了大約10%，此一修改又使各校開課的彈性降低（詳見表1-8）。此一改變主要是為了加強技術高中群科的特性，在部定必修中，特別把專業實習科目分開成二類：專業科目及實習科目，其中實習科目除了二科為群的共同科目，即餐飲服務技術及飲料實務。還有包含餐飲技能領域共三科22學分、觀光技能領域共五科22學分。總結來說，過去99課綱專業實習科目只有28學分，而107課綱則變成了48學分，足足多了20學分，占所有課程的11%之多。過去99課綱部定必修並未分領域，而107課綱則將部定必修科目分為餐旅技能領域及觀光技能領域。

表1-7　99課綱餐旅群課程架構表

類別	部定必修			校訂（必修、選修）	
	科目	學分	百分比（%）	學分	百分比（%）
一般科目	1.國文（16） 2.英文（12） 3.數學（4-8） 4.社會領域（6-10） 5.自然領域（4-6） 6.藝術領域（4） 7.生活領域（4） 8.體育（12） 9.健康與護理（2） 10.全民國防教育（2）	66-76	34.4-39.6%	88-98	45.8%-51.0%
專業及實習科目	1.餐旅英文與會話（8） 2.餐旅概論（4） 3.餐旅服務（10） 4.飲料與調酒（6）	28	14.6%		
小　　　計		94-104	49.0 -54.2%	88-98	45.8%-51.0%
彈性教學時間	0-8（可作為補救教學、輔導活動、重補修或自習之用）				
可修習總學分	184-192學分				
活動科目	18（含班會及綜合活動，不計學分）				

類別	部定必修			校訂（必修、選修）	
	科目	學分	百分比（%）	學分	百分比（%）
上課總節數	202-210節				
畢業學分數	160學分				

資料來源：教育部（2011）。高級職業學校群科課程資訊網。2011年11月15日，取自http://tpde.tchcvs.tc.edu.tw/course/course99/32-職校群科課程綱要.pdf。

表1-8 107餐旅群課程架構

類別	部定必修			校訂（必修、選修）	
	領域／科目	學分	百分比（%）	學分	百分比（%）
一般科目	1.語文領域—國語文（16） 2.語文領域—英語文（12） 3.數學領域（4-8） 4.社會領域（6-10） 5.自然科學領域（4-6） 6.藝術領域（4） 7.綜合活動領域暨科技領域（4） 8.健康與體育領域（14） 9.全民國防教育（2）	66-76	34.4-39.6%	68-78	35.4-40.6%
專業科目	1.觀光餐旅業導論 I II（6） 2.觀光餐旅英語會話 I -IV（8）	14			
實習科目	1.餐飲服務技術 I II（6） 2.飲料實務 I II（6）	12	25%		
實習科目	餐飲技能領域：中餐烹調實習 I II（8）／西餐烹調實習 I II（6）／烘焙實務 I II（8）	48			
實習科目	觀光技能領域：房務實務 I II（4）／旅館客務實務 I II（4）／旅遊實務 I II（4）／導覽解說實務 I II（6）／遊程規劃實務 I II（4）	22			
小　　　計		114-124	59.4-64.6%	68-78	35.4-40.6%
彈性學習時間	6-12				
可修習總學分	180-192學分				
活動科目	12-18（含班會及團體活動，不計學分）				
上課總節數	198-210節				
畢業學分數	160學分				

資料來源：教育部（2016）。餐旅群課程綱要。http://12basic-forum.naer.edu.tw/sites/default/files/12.%E9%A4%90%E6%97%85%E7%BE%A4%E8%AA%B2%E7%B6%B1%28%E8%8D%89%E6%A1%88%29_1106.pdf。

第五節　餐旅群部定必修科目教學綱要

　　依照國家教育研究院函示教育部，公告的107的課程綱要，餐旅群的部定必修科目分爲二類：一爲專業科目；一爲實習科目。99課綱實施後，二科的教師皆認爲有些科目有其專業屬性上的差異，因此，在實習科目方面，宜有不同的實習課程，但經過專家的討論，仍保留二科爲共同必修的實習課程。部定科目分爲專業科目及實習科目二類；實習科目又分：餐飲技能領域及觀光技能領域二類。爲使大家清楚專業科目的架構，另以表1-9來呈現專業類的必修課程、學分數及開課建議學期。想要在餐旅領域任教的新進教學，在初擔任教師時，這十個必修科目，都可能是會排到的授課科目，在師資培育的訓練過程中，建議要修習相關的專業學分並考取專業的證照，才能勝任專業科目的教師一職。本節將此14科目的教學目標及教學內容描述於後。

表1-9　餐旅類專業及實習科目表

課程類別	領域／科目		建議授課年段與學分配置備註					
	名稱	學分	第一學年		第二學年		第三學年	
			一	二	一	二	一	二
專業科目	一、觀光餐旅業導論	6	3	3				
	二、觀光餐旅英語會話	8			2	2	2	2
實習科目	1.餐飲服務技術Ⅰ Ⅱ（6）	6	3	3				餐飲觀光共同實習科目
	2.飲料實務Ⅰ Ⅱ（6）	6			3	3		
	餐飲技能領域　三、中餐烹調實習	8	4	4				適用餐飲科，計22學分
	四、西餐烹調實習	6			3	3		
	五、烘焙實務	8			4	4		
	觀光技能領域　六、房務實務	4	2	2				適用觀光科，計22學分
	七、旅館客務實務	4			2	2		
	八、旅遊實務	4			2	2		
	九、導覽解說實務	6			3	3		
	十、遊程規劃實務	4					2	2
	小計	48	8-10	8-10	12	12	2-4	2-4

資料來源：國家教育研究院（2016）。十二國國民基本教育技術高中群科課程綱要（餐旅群）。2016年11月15日，取自https://drive.google.com/file/d/0B5K1SI3Se-1ZUVBFcmw0NUd1bzg/view。

一、專業科目

餐旅群107年開始，專業科目共有二科：【觀光餐旅業導論】及【觀光餐旅英語會話】。這二科被視為餐旅群二個主要科別：觀光事業科及餐飲管理科的共同專業科目，且為基礎、理論課程。觀光餐旅業導論共六個學分，一般會排在一年級上下學期各三個學分。而觀光餐旅英語會話則共有八個學分，一般會排在二、三年級每學期各二學分。課程內容大綱如下（國家教育研究院，2016）：

(一) **共同專業科目：觀光餐旅業導論**（Introduction to Tourism & Hospitality Industry）（**上下學期共六學分**）

1. 教學目標

(1)瞭解正確的觀光業從業理念與職業道德。

(2)認識觀光餐旅相關產業的演進、特性及經營觀念。

(3)具備符應觀光餐旅業相關職場之基層人才所需的基礎專業知能。

2. 教學內容

(1)緒論。

(2)觀光餐旅從業人員的從業理念

(3)餐飲業。

(4)旅行業。

(5)旅宿業。

(6)其他觀光餐旅相關產業。

(7)觀光餐旅行銷。

(8)觀光餐旅業的現況與未來。

(二) **共同專業科目：觀光餐旅英語會話**（Tourism & Hospitality English Conversation）（**四學期，每學期二學分**）

1. 教學目標

(1)具備職場的基本英語會話能力，以因應觀光餐旅業工作中基本需求。

(2)將專業英文及基礎英語會話融入專業課程中，以增進學習興趣。

(3)以各觀光餐旅部門所需之英語能力為目標，提升學生自我學習，繼續成長或進修的動機。

2. 教學內容

(1)打招呼。

(2)方向與位置。

(3)總機與訂房中心。

(4)櫃檯服務。

(5)服務中心。

(6)房務部。

(7)電梯服務。

(8)電話對話。

(9)認識食材及菜單。

(10)客房餐飲服務。

(11)吧檯與飲料、酒水服務。

(12)迎接客人。

(13)點菜與上菜。

(14)用餐中的服務。

(15)出納與送客。

(16)旅遊。

(17)購物與自由活動。

(18)航班預訂及確認。

(19)機場通關手續。

(20)航空服務。

二、實習科目

實習科目有二科為餐旅群共同的實習科目：【餐服技術】及【飲料實務】；其他專業實習科目共有十個科目，分為餐旅技能領域三個科目：【中餐烹調實習】、【西餐烹調實習】及【烘焙實務】；觀光技能領域五個科目：【客房實務】、【旅館客務實務】、【旅遊實務】、【導覽解說實務】、【遊程規劃實務】。共同實習科目共佔十二學分；領域實習科目則各佔二十二學分。開課的學期安排，依照各校各科的規劃，並無強制規定。

(一)**共同實習科目：餐服技術**（Food and Beverage Service Skills）

　　　（上下學期各三學分）

1. 教學目標

(1)瞭解餐飲服務業所需之專業知識。

(2)熟悉餐廳營所需之設備及器具。

(3)熟練餐飲服務之基本服勤技巧。

(4)具備符合職場所需人才之專業知識與技能。

(5)具備學生餐飲服務之良好工作態度，建立職場倫理。

2. 課程內容

(1)餐廳服務緒論。

(2)餐廳設備與器具。

(3)基本服務技巧。

(4)營業前準備工作與營業後的收善工作。

(5)菜單與飲料單的認識。

(6)餐桌佈置與擺設。

(7)餐飲禮儀。

(8)餐飲服務種類。

(9)飲料服務技巧。

(10)餐廳服務流程。

(11)餐廳抱怨及緊急事件處理。

㈡ **共同實習科目：飲料實務（Beverage Practice）（上下學期各三學分，共六學分）**

1. 教學目標

(1)瞭解各式飲料之專業知識與調製原理。

(2)認識飲料調製之相關物料及設備。

(3)熟練飲料調製之技能。

(4)具備良好衛生安全與工作習慣。

(5)具備美感素養，並激發創意表現。

2. 教學內容

(1)緒論。

(2)飲料調製。

(3)飲品。

(4)茶。

(5)咖啡。

(6)酒的類別。

(7)葡萄酒。

(8)雞尾酒。

(9)飲料與食物。

㈢**餐飲技能領域實習科目：中餐烹調實習**（Chinese Cuisine Practice）（上下學期各四學分，共八學分）

1. 教學目標

(1)瞭解刀工的定義及切割的方法。

(2)瞭解中式菜餚的定義與烹調方法。

(3)熟悉中式菜餚刀工與烹調技術的運用。

(4)運用在地食材、合宜的刀工、良好的烹調技巧，烹調經典菜餚。

(5)具備良好的餐飲安全衛生習慣。

(6)具備敬業精神及廚師職業道德。

(7)具備中餐美感素養。

2. 教學內容

(1)中餐飲食文化及發展融合。

(2)中餐廚房的認識。

(3)中餐食材的認識。

(4)調味料及辛香料的認識。

(5)切割法的認識、運用與實習。

(6)盤飾及菜餚的搭配。

(7)各類常見基礎烹調法及實習。

(8)樂活健康特色飲食。

㈣**餐飲技能領域實習課程：西餐烹調實務**（Western Cuisine Practice）（上下學期各三學分，共六學分）

1. 教學目標

(1)瞭解西餐烹飪原理與專業知識、技能與態度。

(2)瞭解西餐烹調的歷史起源與特色。

(3)熟練各種西式刀工技巧。

(4)熟練基本西式烹調技術。

(5)具備良好衛生安全與工作習慣。

(6)具備西餐美感素養。

2. 教學內容

(1)西餐概論。

(2)西餐廚房機具認識。

(3)西餐專業術語及度量衡換算。

(4)西式刀工認識與練習。

(5)西餐常用食材介紹。

(6)切割法與主菜練習。

(7)基本烹調法介紹與主菜實作。

(8)西式早餐。

(9)三明治製作。

(10)沙拉與沙拉醬汁。

(11)高湯、湯與醬汁。

(12)西式甜點。

(13)套餐實作。

㈤ **餐飲領域實習課程：烘焙實務（Baking Practice）（上下學期各四學分，共八學分）**

1.教學目標

(1)瞭解烘焙之起源、定義、分類及發展趨勢。

(2)瞭解烘焙原料、器具設備、烘焙計算及作業流程。

(3)熟練烘焙食品之麵包、蛋糕、西式點心基礎產品製作技巧。

(4)具備正確的烘焙工作態度、從業概念、職業道德及安全衛生習慣。

(5)具備烘焙美感素養。

2.教學內容

(1)緒論。

(2)烘焙設備與器具的認識。

(3)烘焙材料的認識。

(4)烘焙計算。

(5)麵包的認識。

(6)麵包製作。

(7)蛋糕製作。

(8)西式點心的認識。

(9)西式點心製作。

㈥ **觀光技能領域實習課程：房務實務（Hotel Housekeeping Practice）（上下學期各二學分，共四學分）**

1.教學目標

(1)瞭解旅館業房務管理所需的基礎專業知識。

(2)認識房務管理之作業及維護。

(3)具備房務員基本的操作技術。

(4)具備正確的旅館業從業觀念、服務態度及職場倫理。

2. 教學內容

(1)房務部組織與功能。

(2)客房設施及備品。

(3)客房清潔作業。

(4)房務基本技能。

(5)鋪床作業。

(6)客房清潔後的檢查標準。

(7)住客服務。

(8)清潔及維護。

(9)客房安全。

(七) **觀光技能領域實習科目：旅館客務實務**（Hotel Front Office Practice）（上下學期各二學分，共四學分）

1. 教學目標

(1)瞭解旅館業客務管理所需的專業知識。

(2)熟悉櫃檯與服務中心作業流程。

(3)瞭解旅館業營運概況。

(4)具備正確的旅館業從業觀念、服務態度及職場倫理。

2. 教學內容

(1)客務部組織與功能。

(2)旅館商品介紹。

(3)訂房作業。

(4)旅客遷入作業。

(5)客帳作業。

(6)館內服務。

(7)旅客遷出作業。

(8)旅館業安全。

(9)旅館業之經營。

(10)旅館發展趨勢與法規。

(八) **觀光技能領域實習科目：旅遊實務**（Travel Agency Practice）
　　（上下學期各二學分，共四學分）

　1. 教學目標

(1)認識旅遊活動的起源、旅行業的發展、定義及特質。

(2)瞭解旅行業的分類、組織概況及從業人員工作內容。

(3)分辨各種旅行業產品。

(4)知道旅行業辦理出國手續、航空票務、團體作業及領團作業的相關程序和知識並應用其知識於情境當中。

(5)瞭解旅遊市場及旅行業現況，以推論旅行業未來發展、經營趨勢及面對的挑戰。

　2. 教學內容

(1)旅行業概論。

(2)旅行業分類與組織結構。

(3)旅遊產品。

(4)出國手續。

(5)航空運輸。

(6)旅行業現況分析、未來發展趨勢及挑戰。

(九) **觀光技能領域實習科目：導覽解說實務**（Guidance and Interpretation Practice）（上下學期各三學分，共六學分）

　1. 教學目標

(1)對導覽解說在觀光活動之重要性有所認知。

(2)瞭解導覽解說工作的內容。

(3)具備導覽解說應有的態度與觀念。

(4)具備導覽解說的技巧。

(5)具備人文資源解說之美感。

　2. 教學內容

(1)導覽解說緒論。

(2)導覽解說資源。

(3)導覽解說內容。

(4)導覽解說環境與設施。

(5)導覽解說員的特質與工作。

(6)導覽解說原則與技巧。

(7)導覽解說規劃作業程序。

(8)人文資源導覽解說實作。

(9)自然資源導覽解說實作。

㈩ **觀光技能領域實習科目：遊程規劃實務（Tour Planning）（上下學期各二學分，共四學分）**

1. 教學目標

(1)認識判別行程內容的要件。

(2)瞭解遊程規劃相關之專業知識。

(3)熟練組合各項服務以結構有商業價值之旅遊產品。

(4)具備遊程規劃行業正確從業觀念、服務態度及職場倫理。

2. 教學內容

(1)概論。

(2)遊程設計的結構與考量因素。

(3)成本估算。

(4)遊程設計。

(5)遊程包裝及旅遊企劃書製作。

第二章

課程設計

　　對餐旅群的課程綱要及科目的教學內容有所瞭解之後，新任教師應再進一步瞭解如何設計課程；也宜針對整個學期做一規劃，此章將針對此部份做介紹。

第一節　課程設計的取向

在探討餐旅群的課程發展與設計之前，我們首先要瞭解什麼是課程。再來我們應該瞭解的是餐旅教育的課程是怎麼樣的一個發展歷程，以及如何設計適合餐飲管理科與觀光事業科的課程。課程的設計就是一種教學計畫，而教學的計畫有如教師爲學生規劃的學習藍圖，是教學活動中重要的參考與依據。以下將分述探討。

一、課程的定義

如果說教學是師生的互動過程，那麼課程便是彼此互動的主要內容。因此內容的好壞便與學生的學習成效有直接關係，且亦深刻地影響教學的成果與績效（張添洲，2010）。同時，課程內容也是與時俱進的，隨著時代背景的變遷、各學者對內容發展與歸納的不同、觀念上的差異，課程的定義也就因分歧而有所差異，於是其概念便具有相當豐富的面貌與樣態。而教師對於課程的定義便會影響其對內容安排想法上的差異性，因此，爲了呈現出每個老師對於課程架構的安排，教學計畫便成爲一個重要的指標。

將課程視爲科目的總和者，會著重知識的融會貫通，以知識爲中心；視爲經驗者，會著重學習者的學習，以學生爲中心；視爲目標者，會著重對於未來的規劃與需要培養的知識，以社會導向爲中心；視爲計畫者，則著重課程內容、方法的完整性、彈性、一慣性及適應性等，以有計畫的學習經驗爲中心。不同的教學目標都會產生不同的課程形式，教學計畫的撰寫方向也就會有所不同（張添洲，2010）。

二、教學計畫的內涵

教學計畫是步驟、是方法、也是一種管理。一份教學計畫的撰寫除了需包括學校行事計畫、教學進度計畫及單元教學計畫，也應考量教師目前所依據之教學目標、教學對象及學校和學科特性等種種因素（江文雄，2000；周春美，2009）。當各種可預測因素都排進了課程內容設計之後，才是一份完整的教學計畫。

教學計畫的安排需要考量各方面因素，其要點如下：

(一) **參考學校行事曆，將本學期將和課程相衝突的活動從教學計畫中扣除**
例如月考、運動會、國定假日等，先和準備安排的課程避開。

(二) **一般學期的第一及最後一週不安排進度**
因這時通常都在學校的行政作業（註冊、發課本等）及期末考試期間。

㈢ **課程在分配時應循序漸進**

在每個單元之後安排小考、在月考前開始總複習，讓學生能將所學知識與考試搭配，也更有系統性的規劃整學期的讀書進度。同時也可以適當的加入補充或補救教材，讓學習程度不同的學生可以搭配不同的教材，配合彼此的進度。

㈣ **教具的使用**

將教具提前列在教學計畫表上，以利提醒小老師或值日生等可以預先做好課前的借用器材場地的準備。

㈤ **考試進度與作業的定期繳交**

教師可將預先安排好的考試排程加入教學計畫中，讓學生能預先準備或複習所學的進度。作業的繳交範圍、格式與內容也可以預先寫於教學計畫表上，讓學生有更多的資訊來做準備。

㈥ **和學生約法三章**

每位教師都有自己的授課方式與要求。在學期一開始讓學生對你所要追求之目標有所瞭解、和學生約法三章，除了可以讓他們明白你的評分方式，更可以縮短彼此磨合的時間。

以上便是教學計畫在撰寫時應該瞭解的大方向。

三、擬定教學計畫之注意事項

在教學計畫中，除了將一些在學期前就能預知的因素排入其中避免進度受影響，每堂課程的份量有一定的穩定性及彈性也是很重要的一件事。

在編寫教學計畫時，教師便應該預先研讀完整學期會上到的進度，並依照難易度、頁數將其合理分配到每堂課的課程內容裡。有些部分與其他科目重疊或在低年級已有介紹過的章節應做濃縮。濃縮後多出來的時間能夠有效的利用於深化其他重要知識。將所有頁數除以上課週數並扣除學期中大大小小無法上課的時期，例如月考、運動會、國定假日、學期前後行政作業時期，所得出的數便是最基本的內容計算方式。此外，考慮每週進度以章或節為單位也是一種辦法。此種辦法也較容易讓學生抓進度預習及複習。

另外，教學計畫並非萬靈丹，僅是一種課程的藍圖與構想，並不是一成不變的。有時，為獲得更有效的教學，教師在進行每個教學計畫前，仍須調整或修正。例如，當部分學生遇到了學習上的瓶頸，教師便需要花更長的時間教導學生觀念並讓學生練習，若固守教學計畫進行，這樣勢必會壓縮到某部分課程，所以當一份教學計畫較為彈性，便能化解這樣的問題。如果教學

時遇到颱風假此種不可抗力因素，彈性的教學計畫也能讓教師更便利的更動課程進度。

最後，教學計畫依據呈現對象不同，也會有不一樣的內容格式。一般在學期前交予教務處、同科目老師的教學計畫會以簡式為主。主要以週次、教材及單元頁數為主；而詳式則是教師為了方便授課班級所使用，表中可隨機增加補充、補救教學進度、作業格式範圍等內容供學生參考。

第二節　學期教學計畫範例

此節以某高中餐飲管理科的餐旅概論、烘焙實務、旅遊實務此科目三個範例為例，呈現教學的進度計畫書。這些範例都是本書作者在教授教材教法課程中，學生練習的優良作品，可供未來的教師們參考。

範例一：餐旅概論

○○高中　103學年度　第1學期　餐旅概論科　教學進度計畫書

適用班級	餐飲管理科一年級		授課教師		林○○	
教學進度及內容						(1) 培養正確的餐旅業從業概念 (2) 瞭解國內外觀光餐旅活動之演進 (3) 瞭解國內外餐飲業的發展背景 (4) 培養學生正確的服務態度及職場倫理 (5) 培育符合餐旅相關職場之初級人才所需的基礎餐旅專業知能 (6) 辦別餐飲業的類別 (7) 說出餐廳格局的基本原則 (8) 瞭解餐飲業經營概念 (9) 認識餐旅業之中英文專用術語
週次	日期	預定進度	內容摘要	相關議題融入教學	作業或平時考	重要紀事	
1			Ch1-1餐旅相關行業的語源與定義p.3-9 Ch1-2餐旅的屬性p.10-20			27日：開學典禮	
2			Ch2-1我國觀光餐旅活動的演進p.21-23 Ch2-2臺灣觀光餐旅活動的演進p.24-32	平時考			教學目標
3			Ch2-3國外觀光餐旅活動的演進p.33-39 Ch2-4觀光餐旅業發展的影響p.40-48	多元文化		8日：中秋節放假	
4			Ch3-1職業前程規劃的步驟與職業能力p.49-50 Ch3-2餐旅業前程規劃p.51-58 Ch4-1餐旅從業人員職業道德的內涵p.59-64				

適用班級		餐飲管理科一年級	授課教師			林○○	
5		Ch4-2餐旅業職業安全p.65-69 Ch4-3餐旅從業人員的行為守則p.70-76 Ch5-1餐旅從業人員的人格特質p.77-78	性別平等教育	平時考		評量方法	(1) 學科測驗 (2) 術科實作測驗 (3) 作業繳交
6		Ch5-2餐旅從業人員的專業能力p.79-80 Ch5-3餐旅從業人員的工作態度p.81-82 Ch5-4餐旅從業人員的外在儀容p.83-92					
7		第一次段考 Ch1-5			7～9日：第一次段考 10日：國慶日放假		
8		Ch6-1餐飲業的定義與特性p.93-100 Ch6-2中國古代餐飲業的發展背景p.101-103		檢討考卷			
9		Ch6-3臺灣餐飲業態的演進p.104-110		平時考			
10		Ch6-4國外餐飲業的發展背景p.111-127					
11		Ch7-1餐飲業的類別p.128-130 Ch7-2餐廳的種類p.131-152				成績計算	(1) 第1.2次期中考30% (2) 期末考40% (3) 平時成績30%
12		11～13日： 全校停課			11～13日： 辦理全國家科技藝競賽，全校停課		

適用班級		餐飲管理科一年級	授課教師		林○○
13		Ch8-1組織結構的分類p.153-158 Ch8-2餐飲組織p.159-165	平時考		
14		第二次段考 Ch6-8.2		25～27日： 第二次段考	
15		Ch8-3餐飲從業人員之職掌p.166-179	檢討考卷		
16		Ch9-1餐廳格局設計的考慮因素p.180-183 Ch9-2餐廳外場格局設計p.184-192			
17		Ch9-3餐廳內場格局設計p.193-208			(1)希望家長能運用孩子課餘時間協助督促其研讀學科
18		Ch10-1餐廳外場經營概念p.209-216 Ch10-2餐廳內場經營概念p.217-226	消費者保護教育		親師配合
19		Ch10-3餐飲控制p.227-232	作業練習	1日：開國紀念放假	
20		Ch10-4餐飲管理p233-246	平時考		
21		期末考 Ch8.3-10		15.16日：期末考	
22		期末考 Ch8.3-10		19日：期末考 20日：第1學期課程結束（休業式）	

適用班級	餐飲管理科一年級	授課教師	林○○

※1.本表請於9月28日（五）前，以電子檔回傳教務處教學組（A123@hhs.edu.tw）匯整、公告。

　2.請依課程標準或課程綱要填寫，並依課程活動計畫書進度教學、評量。

　3.各教學科目視課程內容及目標，擇選課程相關議題（2～3則），適時安排融入課程教學，相關議題如下：人權教育、性別平等教育、生命教育、法治教育、環保教育、資訊教育、永續發展、多元文化、消費者保護教育、生活教育（品德教育、教養）、安全教育（危機處理）、社團……等。

範例二：烘焙實務

適用班級	餐飲管理科二年級	授課教師	廖○○	
教學進度及內容				
週次	日期	實作或課堂課	進度內容摘要	備註	作業或平時考	重要紀事	教學目標
1		課堂課	Ch1-1烘焙食品的起源與發展 p.2 Ch1-2烘焙食品之分類 p.3-9 Ch2-1烘焙設備 p.10-13	示範西式點心製作實習報告作業該如何寫（每次上完實作課後隔天繳交）		27日：開學典禮	(1)瞭解烘焙起源及發展趨勢 (2)正確使用烘焙相關器具與設備 (3)熟悉各烘焙原料之特性 (4)熟練烘焙產品之製作方法與技巧 (5)培養正確的工作態度與習慣 (6)引發對烘焙技術的興趣 (7)鼓勵學生於本學年度下學期，參加烘焙丙級技術士測驗
2		課堂課	Ch2-2烘焙器具 p.14-18 Ch2-3使用與維護p.19-27	搭配磅秤使用教學			
3		實作課	產品實作：麵糊類－重奶油蛋糕	講解專業教室使用規範與衛生安全宣導	平時考	8日：中秋節放假	

適用班級		餐飲管理科 二年級	授課教師			廖○○	
4	課堂課	Ch3-1～3-5 麵粉、油脂、糖、蛋、乳製品 p.28-48	於3-2油脂講解「油脂的抱氣性」時，提及上週所操作之重奶油蛋糕以連結記憶				
5	實作課	產品實作： 乳沫類－ 海綿蛋糕	於操作前複習上週所提的「雞蛋的膨脹性」以連結記憶	平時考		(1) 學科測驗 (2) 術科實作測驗 (3) 作業繳交	
6	課堂課	Ch3-6～3-10 酵母及化學膨大劑、乳化劑、鹽、巧克力與可可粉、水果類、堅果類與其他 p.49-65 Ch4-1度量衡 P66-67	於3-6化學膨大劑講解時，提及上週所操作之海綿蛋糕以連結記憶		評量方法		
7		第一次段考 Ch1-3	烘焙知識測驗	7～9日： 第一次段考 10日： 國慶日放假			
8	實作課	產品實作： 乳沫類－ 天使蛋糕		檢討考卷			
9	課堂課	Ch4-2烘焙百分比及實際百分比 p.68-70 Ch4-3配方計算 p.71-85	請學生攜帶計算機到校於課堂中練習作業				
10	實作課	產品實作： 戚風類－ 葡萄乾戚風 瑞士捲		平時考			

適用班級		餐飲管理科二年級	授課教師		廖○○
11	課堂課	Ch5蛋糕製作（5-1～5-5）p.86-109	於講解時，提及上週所操作之葡萄乾戚風瑞士捲以連結記憶		(1) 第一次期中考15% (2) 第二次期中考15% (3) 期末考30% (4) 平時成績40%（含每一次實作課成績、西式點心製作實習報告）
12		11～13日：全校停課		11～13日：辦理全國家科技藝競賽，全校停課	
13	實作課	產品實作：戚風類－巧克力蛋糕戚風捲		平時考	
14		第二次段考Ch4-5	以丙級學科考題為主	25～27日：第二次段考	成績計算
15	課堂課	Ch6-1小西餅（Cookies）p.110-115 Ch6-2奶油空心餅（Puff）p.116-118 Ch6-3派（Pie）、塔（Tart）p.119-123		檢討考卷	
16	實作課	產品實作：餅乾類－擠花小西餅	於操作講解時，提及上週所介紹之小西餅以連結記憶	平時考	

適用班級		餐飲管理科二年級	授課教師		廖○○	
17	課堂課	Ch6-4鬆餅（Puff Pastry） p.124-127 Ch6-5膠凍類西點 p.128-134				(1) 希望家長能運用孩子課餘時間協助督促其研讀烘焙丙級檢定學科
18	實作課	產品實作： 西點類－ 奶油空心餅（泡芙）		平時考		
19	實作課	產品實作： 西點類－檸檬布丁派		平時考	1日： 開國紀念放假	親師配合
20	實作課	產品實作： 西點類－焦糖布丁	含期末專業教室大掃除	平時考		
21		期末考練習 Ch8.3-10	以實作為組		15.16日： 期末考	
22		期末考 Ch8.3-10	以實作為組		19日：期末考 20日：第1學期課程結束（休業式）	

※1.本表請於9月28日（五）前，以電子檔回傳教務處教學組（abc@ddg.edu.tw）匯整、公告。
 2.請依課程標準或課程綱要填寫，並依課程活動計畫書進度教學、評量。

範例三：餐旅概論

適用班級	高職一年級				授課教師	鄭○○
教學進度及內容						
週次	日期	預定進度	內容摘要	相關議題融入教學	預定作業（平時考）	重要紀事
1	8/25-8/31		課程介紹 Ch1-1餐旅相關行業的語源與定義			27日註冊、開學、正式上課
2	9/1-9/7		Ch1-2餐旅業的屬性		學習單A	*友善校園週
3	9/8-9/14		Ch2-1我國觀光餐旅活動的演進			8日中秋節放假
4	9/15-9/21		Ch2-2國外觀光餐旅活動的演進 Ch2-3觀光餐旅業發展的影響	多元文化	學習單B	(1) 17日英語背誦比賽 (2) 20日懇親會
5	9/22-9/28		Ch3-1職業前程規劃的步驟與職業能力 Ch3-2餐旅業前程規劃			*教師節敬師週
6	9/29-10/5		Ch4-1餐旅從業人員職業道德的內涵 Ch4-2餐旅業職業安全 Ch4-3餐旅從業人員的行為守則	生活教育	平時考	(1) 28日教師節 (2) 第一次期中評量製卷
7	10/6-10/12		第一次段考			(1) 7.8.9日第一次期中評量 (2) 10日國慶日
8	10/13-10/19		Ch5-1餐旅從業人員的人格特質 Ch5-2餐旅從業人員的專業能力	生活教育		
9	10/20-10/26		Ch5-3餐旅從業人員的工作態度 Ch5-4餐旅從業人員的外在儀容 Ch1-1餐飲業的定義與特性	生活教育		(1) 觀光科高一校外參訪 (2) 20.21日第1次四技二專模擬考

適用班級		高職一年級		授課教師	鄭○○
10	10/27-11/2	Ch1-2中國古代餐飲業的發展背景 Ch1-3臺灣餐飲業態的演進		學習單C	
11	11/3-11/9	Ch1-4國外餐飲業的發展背景	多元文化		(1) 清潔週 (2) 103年高市身心障礙國民運動會
12	11/10-11/16	Ch2-1餐飲業的類別 Ch2-2餐廳的種類		平時考	第二次期中評量製卷
13	11/17-11/23	第二次段考			18.19.20日第二次期中評量
14	11/24-11/30	Ch3-1組織結構的分類 Ch3-2餐飲組織			(1) 24日四技二專統測報名 (2) 觀光科高二校外參訪
15	12/1-12/7	Ch3-3餐飲從業人員之職掌	生活教育	學習單D	
16	12/8-12/14	Ch4-1餐廳格局設計的考慮因素 Ch4-2餐廳外場格局設計			校內國語文競賽
17	12/15-12/21	Ch4-3餐廳內場格局設計		學習單E	國際教育週
18	12/22-12/28	Ch5-1外場經營概念 Ch5-2內場經營概念	安全教育		23.24日第2次四技二專模擬考
19	12/29-1/4	Ch5-3餐飲控制 Ch5-4餐飲管理		平時考	(1) 1日元旦放假 (2) 期末評量製卷
20	1/5-1/11	期末考			(1) 18.19.20日期末評量 (2) 9日第1學期課程結束（休業式）

教學目標	(1) 認識餐旅與餐飲產業 (2) 瞭解國內外觀光餐旅活動的演進 (3) 培養學生正確的敬業精神與工作態度 (4) 培養學生具備餐旅基層從業人員應有的能力與態度 (5) 瞭解國內外餐飲業的發展背景 (6) 辦別餐飲業的特性 (7) 說出餐廳格局的基本原則 (8) 瞭解餐飲業經營概念
評量方法	(1) 學科測驗 (2) 作業繳交 (3) 團體報告 (4) 平時上課表現與互動
成績計算	(1) 第1、2次期中考30% (2) 期末考30% (3) 小組報告10% (4) 平時成績30%
親師配合	(1) 希望家長能關心孩子的作業製作狀況 (2) 若有小組作業，必須用假日時間執行，請家長體諒，給予必要的協助，並協助關心其安全

第三章

授課計畫與教案編寫

重點
大綱

在授課之前，新手教師被鼓勵撰寫授課計畫與編寫教案，本章將針對教案、教學目標編寫以及評量的設計著眼，並提供餐旅群主要專業科目的教案範本，供大家參考。

第一節　教案

教案的最大用途，是讓任教的老師能夠有計畫的授課，尤其新任教師，在缺乏經驗的情形下，特別需要規劃課程，以利有效的授課，就像蓋房子要畫藍圖、製作衣服前要先打版一樣的道理。良好的教案編寫，可確保良好的授課品質。同時，教案可以讓教師事先模擬演練教學過程，使課程能在正式實施前修正，達到順利進行的目的。新進教師在實習或新任一門課時，資深教師藉此教案，預先檢視新進教師或實習教師的教學活動與內容是否合適。

一般而言，教案包含單元計畫、日課計畫及每課計畫，如圖3-1。

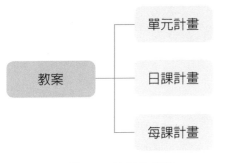

圖3-1　教案的樣態

一、教案的內容

圖3-2　教學活動的內容

包含下列幾個重點，其構成如圖3-2：

㈠ 表格格式

單元教學目標與年段能力指標兩個欄位，要標明代號。其他欄位以精簡方式呈現。

㈡ 撰寫進度

以單元進行撰寫。

㈢ 用詞排版

儘量一致，提升易讀性。

㈣ 活動順序

要有邏輯性。綜合活動與發展活動要做區隔，綜合活動層次高於發展活動，利用討論檢核學生學習成效。

㈤ 注意事項

行為目標使用時應考慮認知、技能及情意。發問問題應兼顧高低層的教學目標，依據先聚斂、後擴散順序的安排。各活動時間分配應切合實際。

教材教法與教育實習——餐旅群

二、編製教案的步驟

㈠ 確立目的

首先，在編寫教案時，應該先確立此份教案的目的，是一般教學用、觀摩教學、試教教學還是甄試教學，不同的目的在時間、內容、教學資源的分配都要做不同的調整；除此之外，還可以依據不同教學內容，例如章、節、課、單元做不同的教學活動設計。

㈡ 瞭解情境

教案除了是一份課程的綱要以外，還要考慮到學生的程度、先備知識、起點行為、教學場所來調整教學活動內容。事前掌握這份資料，在編寫教案時，就能更具體明確的進行。

㈢ 編選教材

編選教材時，除了課堂使用的教本和教師手冊以外，也應多方參考其他版本課本、自編教材或補充教材。並除了撰寫教案內容外，也應將補充的資料附於教案之後。

㈣ 決定方法

教學的方法其實非常多樣化，在考量了場地與學生程度之後，就需要決定一個或數個教學方法如示範教學、練習教學、視聽教學等方式穿插於教學內容間，提升學習效率。良好的教學方法也能提升班級的上課氣氛。

㈤ 準備教具

有時為了提升教學效果，適當的使用教具包括投影機、PPT、電腦軟體、白板、黑板、掛圖等也是必要的。

㈥ 計畫活動

在計畫活動時，教師應依據教學資源、性質、目標、學生性質等不同參數而調整自己的課程內容。

以下幾點為應注意的事項：

1. 教學資源

教學時，教師應充分利用學校及附近社區資源，適時帶領學生校外參訪相關機構設施、利用學校功能教室教學、帶學生參加與科目相關之社區活動（例如園遊會、義工、志工等），增加學生的服務經驗。教師也應督促學校充實教學設備及教學媒體，教師教學時也應充分利用教具等教學資源。

2. 教師自我充實

在要求學校添購新的教學設備與教材時，教師也應努力充實自我學習新

知，以趕上日新月異的社會與時代需求。不斷自我進修、充實新知並改善教學方法，和學生一同成長，也是一個教師對自己的課程所應要有的要求。

3. 學生能力培養

教師應在各科課堂中培養學生自主思考、主動求知的能力，讓學生能具有獨立、客觀的思辨能力，同時，教師也應在追求本科認知目標之餘，培養學生的專業精神及職業道德。讓學生能更適應多變的社會環境。教師也可以視課程需要，安排分組教學或小組作業，不只增加實作經驗提高技能水準，更能學習與人合作的精神與態度，以提前適應複雜多變的社交與社會環境。

(七) **評量設計**

根據教學目標，課程的實施內容，設計適合的評量，評量的設計原則及範例，在下一節中會詳加介紹。

(八) **整理繕寫**

將所有相關資料彙整後，就是對於教案內容的排定。隨著科技的進步，教案的編寫也開始多以電腦排定整理，對於刪修內容有著極大的便利性。

教案撰寫最重要的部分莫過於教學目標的部分，可先分為單元目標和具體目標，接著是細分為認知、情意、技能三部分（張春美，2009）。在撰寫時，教師應把將要教授的單元及學生應該學會的內容詳細列出，最後再依照這樣的架構，融入不同的教學方法與媒材，同時也要附上最後複習的進度與作業，以完成一份完整的教學計畫。

最後，關於教案在時間安排上面，教師應注意以五至十分鐘為一基本區間較為合宜。教學時除了講解、示範，也應給學生足夠的時間練習，並在學生練習時，走下講臺管理學生秩序、看看學生練習進度等等。也可以在上課時，將學生分組小組討論、或是搶答，這些教學方式都能放入教學計畫中做參考。

第二節　教學目標的撰寫

一、為什麼要寫教學目標

教師在教學前，應評估要達到什麼目標，有了正確的教學目標，才能引導出方向正確的教學活動，達到預期的學習效果。而教學目標的撰寫，也須時時檢討，形成一變動循環的情形如圖3-3。良好的教案設計前，必須訂定正確的教學目標。

二、教學目標的編寫與練習

教學目標是新進教師在編寫教案首先遇到的難關。因為教學目標的撰寫種類、層次及領域多元，因此，新進教師常會覺得最難下手。在寫教案時，不妨先參考學科總目標，並以科目的目標為大原則，編寫單元目標。在此歸納幾個學者建議的原則，供新進教師參考（涂金堂，2009）：

圖3-3　教學活動循環

㈠ 區分教學歷程與教學目標的差異

在撰寫時以學生為對象，因此，不用特定寫到老師將會教什麼，而是學生應學會什麼。例如：「教師指導學生在十五分鐘內完成西餐套餐的擺設」。此範例就是以教師為主角，是不需要的錯誤寫法。可修正為：「能夠在十五分鐘內，完成西餐套餐的擺設。」

㈡ 教學目標不能太廣泛也不能太特定

如果是書寫教學單元的目標，宜寫具體目標，亦即必須包含時間，例如：在十五分鐘後，學會如何正確操作托盤。

㈢ 描寫教學目標應儘量具體

儘量包含三個領域（認知、技能、情意）的教學目標。教學目標宜與內容相符合，並包含知識、技能及情意領域三大項。尤其情意領域常常易被忽略而未撰寫。情意領域在技能課程中，可強調衛生習慣的養成，或對所學的技能有學習的熱忱。新進教師也常犯一個錯誤，就是知識、技能、情意領域的目標混淆不清。例如：能分辨食材的特性。此為知識或技能領域的目標，卻被認為是情意領域的目標。

㈣ 採用特定性與行動導向的字詞，描述教學目標

下列兩組用詞，新進教師應可比較出其中的差異：

1. 知道、希望、覺知、熟悉、瞭解。（廣泛）
2. 歸納、列舉、指出、辨認、區別。（具體）

關於詳細的動詞運用，新進教師可多參考教育相關書籍，以充實自己的專業知能。

在此以表3-1舉例三個領域的幾個常用動詞：

表3-1　常用的教學目標動詞

領域	常用動詞
認知	歸類、總結、推論、比較、執行、實施、區辨、評論、計畫
技能	操作、執行、熟練
情意	覺知、接受、內化、養成習慣

⑸ **教學目標要定期審視**

⑹ **教學目標要符合學習者需求**

據上述，以表3-2-1及表3-2-2作為範例，供新進教師參考。

表3-2-1　教學目標的撰寫範例：餐旅概論

	領域	具體目標
教學目標	一、認知部分	1.陳述餐飲組織的結構及各部門的概況 2.回憶餐廳外場工作人員的職掌及功能 3.確認餐飲業各部門及各職掌之英文專用術語
	二、技能部分	1.能指出餐飲從業人員各項職位的工作職責 2.能辨認餐飲從業人員各項職位之英文專用術語 3.能區別餐飲從業人員各項職位的不同
	三、情意部分	1.產生對餐旅相關產業從業之興趣 2.瞭解自己是否適合從事餐飲業 3.培養良好的學習態度與習慣

表3-2-2　教學目標撰寫範例：餐服技術

	單元目標	具體目標
教學目標	一、認知方面： 1.學生能瞭解餐桌禮儀 2.學生能瞭解餐桌擺設 二、技能方面： 3.餐具正確的使用及操作 4.用餐過程中的特殊情境處理 三、情意方面： 5.認同餐旅服務業之價值	0-1 學生能說出餐桌禮儀的意義 0-2 學生能列舉三項正確的用餐禮儀 2-1 學生能說出餐桌擺設的意義 2-2 學生能列舉三項餐桌擺設的基本原則 3-1 熟練餐具的正確拿法及使用方式及原則 3-2 熟練餐具使用方式的禁忌 4-1 熟悉用餐過程中，暫時離席的表示方式 4-2 熟悉用餐過程中，特殊菜單的食用方法 5-1 經由「餐桌禮儀」的學習，增加對於餐旅服務業的敏感度，進而培養出「優雅且有教養」的態度

	單元目標	具體目標
教學目標	6.建立對於用餐禮儀正確概念及堅持	6-1 藉由「餐桌禮儀」的學習課程中，瞭解不單是客人，還有自己未來可能從事的餐飲服務工作都需要具備有禮而謙卑的態度，積極正面的心態，用正確的概念去面對餐旅服務工作的價值

第三節　評量的安排

一、多元評量的趨勢

　　多元評量是教學多元的趨勢，為了配合不同的教學目標，單一紙筆評量無法測出學生的學習成效。例如：烘焙實務的課程，純粹以筆試是考不出技能的達成度；導覽實務，只考筆試也無法測驗出學生是否能掌握導覽解說的技巧。因此，學者多以多元評量為較適合的現代評量觀點與趨勢。學者曾比較傳統評量與現代評量觀點的差異，如表3-3（涂金堂，2009），從其中，便可理解多元評量為現代較受人推崇的評量趨勢。

表3-3　傳統評量與現代評量觀點的分析比較

傳統評量觀點	現代評量觀點
一、行為主義的學習和評量觀點 1.單獨強調學習成果 2.被動的反應者 3.評量分散、獨立的知能 4.忽略認知與情意對評量的影響 5.強調知識的應用與使用 6.分散的事實與技能的堆積	一、認知學派的學習和評量觀點 1.強調評量的歷程 2.主動意義建構者 3.評量統整和跨領域的知能 4.關注後設認知（自我監控和學習策略技巧）與情意態度（影響學習和成就的動機或其他情意）
二、紙筆評量 1.提供學生無關聯與無意義的評量作業 2.使用無脈絡的問題 3.評量基本記憶能力 4.單一的正確答案 5.隱瞞評量的規準 6.重視個人的名次	二、真實性評量 1.提供學生有關聯與有意義的評量作業 2.採用有脈絡的問題情境 3.評量複雜的思考能力 4.多元的正確答案 5.事先公開評量的規準 6.重視個人的學習節奏與成長
三、單一事件的紙筆評量 1.靜態結果的評量 2.教師為唯一的評分者 3.不強調學生的自我評量 4.不重視學生對評量的省思	三、多次作品的檔案評量 1.動態歷程的評量 2.教師、學生、家長都可成為評分者 3.強調學生的自我評量 4.重視學生對評量的省思

四、評量單一向度的特質	四、評量多元向度的特質
1.強調學生單一的能力	1.強調學生多元的能力與潛能
2.強調學生能力的固定性	2.強調學生能力的發展性
3.不提供學生發展和展現多元能力的機會	3.提供學生發展和展現多元能力的機會
五、幾乎只強調個人評量	五、強調個人與團體評量
1.不強調團體互動的技能	1.強調評量團體互動的技能
2.強調評量個人的作品	2.強調評量團體的合作作品

資料來源：涂金堂（2009）。《教育測驗與評量》。頁14。

二、多元評量的範例

　　餐旅群的專業科目，有許多不僅以知能為教學目標，尚須培養許多能力，學生的學習成果及歷程的展現都很重要。以專題製作此科目為例，因其並非考科，但又是必修課程，其所重視的是不同能力的培養，因為專題的製作雖是一門課程，但比較像一個動態的歷程。因此，期中及期末的評分，仍必須有一個客觀的評量指標。設立好評量指標後，也應該在學期初公告，讓同學們有努力達成的目標。下列將以陳紫玲（2014），在《專題製作》一書中的多元評量呈現方式，做範例的說明。

㈠平時考核

　　「專題製作雖然最後才有完整的成品。但是，老師會依進度要求同學們繳交設定的學習單或作業。同學應如期完成，在平時考核的部分，才能拿高分。」這是老師在期初給學生的說明。

　　考核的重點，通常不在成品的好壞，而在於同學們是否能夠合作良好？且每人都盡到應盡的責任？表3-4是平時表現的評量表，主要分為每週的進度表、專題學習單以及組員分工合作精神。

表3-4　專題製作平時考核表

專題名稱				
組員（學號）			日期	
項目 ＼ 評分	評分重點		得分	評語
週進度表40%	1.按時繳交週進度表 2.記載詳細 3.依全班進度進行 4.落後進度是否有解決辦法			
專題學習單40%	1.所有學習單都如期繳交 2.學習單撰寫詳細			

	1.小組成員合作良好		
組員分工合作精神與反應力20%	2.學習態度積極 3.遇問題能自行解決並回報 4.具備自我學習能力 5.具備反思能力		
總評			

資料來源：陳紫玲（2014）。《專題製作─餐旅群》。龍騰出版社。頁104。

㈡ 書面報告的評分

　　書面報告是專題呈現的最終產品，同學在專題製作的過程，無論用何種方法製作專題，最後的呈現一定有一部分是書面的報告。一份好的書面報告，著重於二大部分：專題的外觀、內容。其中，以內容更為重要。依照表格中的評分重點，先自我省視是否有達到標準，即使未能拿高分，但內容也不致於缺乏。表3-5是書面報告評分的範例。

表3-5　書面報告評分表

專題名稱			
組員（學號）		日期	
項目＼評分	評分重點	得分	評語
專題外觀30%	1.封面外觀整齊美觀 2.符合規定格式 3.章節單元完整 4.目錄詳細 5.參考文獻標示清楚且符合規定		
專題內容70%	1.研究背景與動機敘述完整 2.資料充足，文獻歸納良好 3.專題製作方法採用得宜 4.研究流程步驟正確 5.研究結果符合目標 6.文字敘述符合邏輯 7.標點符號正確 8.文字流暢正確 9.善用圖表輔助文字敘述 10.章節排列清楚，階層正確		
總評			

資料來源：陳紫玲（2014）。《專題製作─餐旅群》。龍騰出版社。頁105。

　　口頭報告也是呈現專題的重點之一，除了書面的完整呈現，許多老師會希望學生能用口頭表達，將自己的作品介紹給大家知道。因此，許多學校老師，在期中及期末都可能會設計口頭報告，讓同學練習表達能力。因此，口頭報告的評分重點，也是同學應重視的項目。表3-6是口頭報告評量的範例。

表3-6　專題製作　口頭報告評量表

專題名稱			
組員（學號）		日期	
評分項目	評分重點	得分	評語
投影片製作30%	1.簡報設計能清楚表達重點 2.簡報樣色適合 3.簡報設計能配合報告速度		
表達能力30%	1.音量適中，口齒清晰 2.用詞適當，無口頭禪 3.肢體動作合宜 4.儀態大方端莊		
回答問題反應力20%	1.回答問題切題 2.完整回答問題 3.態度合宜		
整體表現10%	1.團隊精神佳 2.有效率運用時間（不占用額外的時間）		
總評			

資料來源：陳紫玲（2014）。《專題製作—餐旅群》。龍騰出版社。頁106。

㈣ **期末總評量**

　　形成性的評量，在學期中可以隨時進行，但在期末算總成績時，仍必須有一個評量的總表，表3-7是以專題製作此科為例，給予期末總評量的建議，每個階段的評分，其占分比例，應先讓學生瞭解，以讓學生可以針對目標做努力。

三、實作評量

　　除了書面報告、形成性報告，餐旅類群的科目也很適合用實作的評量來檢測學生的學習成果。但實作評量亦有其優缺，Nitko和Brookhart（2007）綜合敘述如下（引自涂金堂，2009）：

表3-7　專題製作　總評量表

評分 項目	配分比例	得分	實得分數
專題名稱			
組員（學號）		日期	
平時考核	40%		
期中書面報告	15%		
期末書面報告	15%		
期中口頭報告	15%		
期末口頭報告	15%		
總成績			
評量者（簽名）			

資料來源：陳紫玲（2014）。《專題製作─餐旅群》。龍騰出版社。頁106。

㈠ **實作評量的優點**

1. 實作作業使複雜的學習目標更清楚。
2. 實作作業能評量做的能力。
3. 實作評量與當代的建構學習理論相吻合。
4. 實作作業需要知識、技能和能力的整合。
5. 實作評量可以與教學活動更緊密的結合。
6. 實作作業擴增了評量學生成就的評量方法。
7. 實作作業讓教師同時評量學生的學習成果。

㈡ **實作評量的限制**

1. 高品質的實作作業製作困難。
2. 高品質的評分規準不易制訂。
3. 學生需花較多的時間完成實作作業。
4. 實作作業的評分工作較費時。
5. 實作作業的成績可能會有較低的分數信度。
6. 很難從學生的一件實作作品，推測其他作品的表現。
7. 實作作業無法有效的評量所有學習目標。
8. 實作作業可能使能力較低的學生感到沮喪。
9. 實作評量容易對不同文化族群學生的學習評量有偏差。
10. 實作評量可能造成不適切的評量結果。

第四節　餐旅群的教案（教學活動）設計範例

　　本節共提供五個範例供大家參考，科目包括餐旅概論、餐服技術、餐旅英語會話、烘焙實務及客房實務。這些範例是歷年來，筆者任教「教材教法」及「教學實習」科目時，學生練習的作品，經整理後供新學習者參考的優良範例。

範例一：餐旅概論教案

教案設計者	陳○○		
教學領域	餐旅概論I	教學時間	一節課（約50分鐘）
主題	餐飲組織及從業人員之職掌		
教學對象分析	1.餐飲科二年級學生 2.學生對餐旅從業人員擁有基本概念		
教學目標	1.培養學生認識餐飲業各部門之屬性、任務職掌、經營概念、中英文專用術語 2.培養正確的餐飲業從業概念、服務態度及職場倫理 3.訓練學生上臺發表能力		
相關資料教具	1.餐旅概論I（王炳富著），東大出版 2.餐旅概論I（蘇芳基著），啓英出版 3.餐旅概論II（夏文媛，吳錦芬著），龍騰出版		

教學目標	單元目標	具體目標
	一、認知部分	1.陳述餐飲組織的結構及各部門的概況 2.回憶餐廳外場工作人員的職掌及功能 3.確認餐飲業各部門及各職掌之英文專用術語
	二、技能部分	4.能指出餐飲從業人員各項職位的工作職責 5.能辨認餐飲從業人員各項職位之英文專用術語 6.能區別餐飲從業人員各項職位的不同
	三、情意部分	7.產生對餐旅相關產業從業之興趣 8.瞭解自己是否適合從事餐飲業 9.培養良好的學習態度與習慣

教學活動流程	教學時間	教學資源情境布置	教學方法
壹、準備階段 　一、課堂準備 　　(一) 教師方面： 　　　1.擬定教學目標 　　　2.準備教材、蒐集資料 　　　3.準備教材、器具 　　　4.編製教案、學習單 　　　5.準備小組競賽獎品		教科書 教師手冊 網路資訊	

(二)學生方面： 　　1.協助布置教室情境與分組（一組4人） 　　2.學生預習課本內容 　　3.請小老師架設單槍、筆電、喇叭 二、引起動機： (一)詢問同學是否曾有在餐廳打工的經驗？並請同 　　學試著分享其工作經驗 (二)利用新聞時事探討餐旅從業人員的概況	5分		問答法 講述法 發表法
貳、發展活動 一、達成目標 　　讓學生瞭解餐旅相關產業之屬性、任務職掌、組 織編制之概念及中英文專用術語	10分	課本 教學簡報檔 學習單 附件一	講述法 問答法
二、主要內容／活動 (一)播放投影片─ 餐飲組織及從業人員之職掌 　　1.介紹餐飲組織的各部門概況 　　　(1) 餐廳部 　　　(2) 餐務部 　　　(3) 飲務部 　　　(4) 宴會部 　　　(5) 廚房部	5分		
(6) 採購部 　　　(7) 管制部 　　　(8) 工程部		學習單 附件一 餐盤	講演法 示範法
(二) 餐飲服務流程之模擬劇 　　1.教師擔任領檯及服務生，請1～2名同學擔任顧 　　　客，協助扮演餐飲服務流程模擬劇，腳本如附 　　　件一		刀叉 水壺 水杯	
2.請同學將餐飲服務流程，填寫於學習單上 　　　餐飲服務流程： 　　　迎賓→帶位入席→服務茶水→遞送菜單→點菜 　　　→用餐服務→結帳→歡送顧客→桌面整理	15分	課本 教學簡報檔 學習單	講述法 問答法
(三)播放投影片─ 餐飲組織及從業人員之職掌 　　1.介紹餐廳外場工作人員之職掌及功能 　　　(1) 餐廳經理 　　　(2) 餐廳副理 　　　(3) 餐廳領班 　　　(4) 餐廳領檯 　　　(5) 服務員 　　　(6) 服務生		課本 教學簡報檔 學習單	
2.介紹其他特殊餐飲人員之執掌及功能 　　　(1) 侍酒師 　　　(2) 調酒員 　　　(3) 出納 　　　(4) 客房餐飲服務員	5分	教具	討論法

(四)綜合活動 　活動─ 牛刀小試 　　1.由投影片的提示，請各組依照職位之高至低將 　　　答案寫在白板上： 　　　(1) Manager-經理 　　　(2) Captain-領班 　　　(3) Reception-領檯員 　　　(4) Waiter-服務員 　　　(5) Bus boy-服務生 參、總結階段 　　1.重點歸納及複習 　　2.以問題（如附件二）總結評量學生上課狀況	10分	教學簡報檔 附件二	講述法 問答法 討論法

註：此範例缺乏教學目標與教學內容的對應，同學可自行添加。

範例二：1. 餐旅服務教案範例

單元名稱	第四章第二節 用餐禮儀	班級	觀光科 一年一班	人數	39人
教材來源	龍騰文化事業公司 餐旅服務I	教師	白○○	時間	50分鐘
教材研究	1.說明整體用餐禮儀正確性的重要性 2.介紹餐桌禮儀概要內容，並深入介紹西餐的用餐禮儀				
學生學習 條件分析	1.學生對於「餐廳服務流程及社交禮儀」已有充分瞭解 2.學生對於「各式餐具及餐廳機具」已有充分的認識 3.學生對於「各式菜單及餐廳」已有充分的瞭解				
教學方法	講述法、問答法		試教學生		廖佳鈴
教學資源	1.參考書籍：王淑媛、夏文媛。餐旅服務I。龍騰文化事業有限公司 2.教學設備：電腦、投影機、麥克風、簡報筆 3.教材：課堂PPT、學習單 4.教具：賓果卡、圈叉牌、cue我牌、小禮物				

教學目標	單元目標	具體目標
	一、認知方面： 1.學生能瞭解餐桌禮儀 2.學生能瞭解餐桌擺設 二、技能方面： 3.餐具正確的使用及操作	1-1 學生能瞭解餐桌禮儀的意義 1-2 學生能列舉三項正確的用餐禮儀 2-1 學生能瞭解餐桌擺設的意義 2-2 學生能列舉三項餐桌擺設的基本原 　　則 3-1 熟練餐具的正確拿法及使用方式及 　　原則 3-2 熟練餐具使用方式的禁忌

教學目標		
教學目標	4.用餐過程中的特殊情境處理	4-1 熟悉用餐過程中，暫時離席的表示方式
		4-2 熟悉用餐過程中，特殊菜單的食用方法
	三、情意方面：	
	5.認同餐旅服務業之價值	5-1 經由「餐桌禮儀」的學習，增加對於餐旅服務業的敏感度，進而培養出「優雅且有教養」的態度
	6.建立對於用餐禮儀正確概念及堅持	6-1 藉由「餐桌禮儀」的學習課程中，瞭解不單是客人，還有自己未來可能從事的餐飲服務工作，都需要具備有禮而謙卑的態度，積極正面的心態，用正確的概念去面對餐旅服務工作的價值

教學目標	教學活動	時間	評量	備註
	單元主題：用餐禮儀			電腦、投影機、PPT、麥克風、簡報筆
	📖課前準備		預習本單元內容	
	1.研習教材、熟悉教材、設計與編寫教案			
	2.設計教學活動			
	3.製作教學PowerPoint			
	4.設計學習單			
	📖課間準備			
	1.教具準備就緒			
	2.準備、設備與場地			
	📖發展活動	5分		
5-1 5-2	問學生：隨著國際化的推動，地球村的觀念已深植人心，臺灣街頭異國餐廳林立，大家似乎也早已習慣不同的用餐方式，請問同學都能清楚瞭解不同國家的用餐禮儀嗎			
	🔔點名			
1-1	活動一：❤藉由點名與學生聊聊西餐： 1.同學有沒有用（吃）過正式的西餐？跟什麼人去吃 2.西餐進餐時有無特殊（與中餐相較）的禮節要遵守 3.你覺得吃西餐與中餐的氣氛是否相同？喜歡哪一種氣氛？為什麼 4.分組並講解今日遊戲規則	4分	藉由討論現實狀況，引起學生的學習動機，並對課程內容有概念	

教學目標	教學活動	時間	評量	備註
	☖引起動機 ❖ 播放影片，引發學生的學習興趣 ❖ 透過影片舉例，讓同學瞭解餐桌禮儀之重要性		適時關心學生的學習進度，並掌握學生的上課專心程度 學生認真聽講 學生參與討論 踴躍回答	
1-2 1-3	活動二： ♥講解關於基本用餐禮儀 ♥透過賓果遊戲，刺激同學搶答問題，透過答題的正確性，適時瞭解學生是否理解	10分		
3-1 3-2	活動三： ♥講解關於宴會用餐禮儀 ♥牛刀小試，適時瞭解學生是否理解 ♥教師與學生共同分享吃西餐的種種經驗	8分	學生認真聽講 學生參與討論 踴躍回答	
2-1 2-2	活動四： ♥教師講解西餐的用餐禮儀 ♥牛刀小試，適時瞭解學生是否理解 ♥播放影片，透過大家來找碴，來讓同學更加瞭解整體餐桌禮儀	15分	觀察學生是否瞭解今日的上課內容，並引導學生如何完成學習單	
4-1 4-2	活動五： ♥絕地大反攻：看看自己是否能成為紳士或淑女，同時也考驗對禮儀部分的精熟度	5分		
	📖綜合活動 一、綜合歸納 1.複習今天所上課程內容 2.預告下次上課內容（西餐用餐禮儀：水果、飲料及酒類部分、中式、日式料理用餐禮儀及下午茶用餐禮儀） 二、頒獎─誰是賓果王 三、指定作業 請學生完成學習單	3分		

單元名稱	Ch4餐飲禮儀— 4.1席次的安排 （中餐桌次與席次）	班級	281	人數	48人
教材來源	餐旅服務I （龍騰文化）	指導教師	丁○○	時間	50分鐘

教材研究	優良的餐飲服務從業人員，除了具備親切、貼心與專業的餐旅服務知識與技能外，亦須瞭解在宴席中的餐飲禮儀，除了避免在面對不同的客人時鬧笑話，也能在顧客需要時，適時提供專業的服務。然而席次的安排為餐飲禮儀知識的一環，透過本章節課程的設計，將使學生瞭解中餐桌次和席次的安排以及認識宴會中常使用的座位卡、座次圖、桌次卡。讓學生具備基本的餐飲禮儀知識，在未來的餐飲服務工作中，提供顧客適切的服務
學生學習條件分析	1.具備基本的問候、行禮、引導、談話、介紹、名片、電話禮儀（Ch1） 2.瞭解專業的服務是餐旅業的無形商品

教學方法	講述法、三段教學法、問答法	授課教師	陳○○

教學資源	1.參考書籍：餐旅服務I（謝美美、龐麗琴、陳月卿編著，旗立資訊）、餐旅服務I（李坤生等人編著，全華圖書） 2.教學設備：電腦、投影機、麥克風 3.教材：課本、課堂PPT、學習單 4.教具：座次圖、座位卡、桌次卡、Bingo板×48、題目本×2、叫人鈴×1、白板筆

教學目標	單元目標	具體目標
	一、認知方面： 1.能明白中餐桌次的安排 2.能瞭解中餐席次的安排 二、技能方面： 5.能正確操作中餐桌次的安排 6.能正確操作中餐席次的安排 三、情意方面： 7.能養成良好的學習態度	1-1 能列舉桌次安排的三項原則 1-2 能分辨四種不同桌數的桌次排列方式 2-1 能指出中餐席次安排的三項原則 2-2 能明白中餐座位安排的原因 5-1 能安排至少三種不同桌數的中餐桌次 6-1 能安排同坐一桌主、賓、客的中餐席次位置 6-2 能安排分坐兩桌主、賓、客的中餐席次位置 7-1 能遵守教室常規 7-2 能積極參與課堂活動

教學目標	教學活動	時間	評量	備註
	壹、準備活動			
	一、課前準備			
	1. 設計本單元教案			
	2. 研讀教材			
	3. 教材準備（PPT）			
	4. 設計學習單			
	5. 製作教具			
	6. 借用教室			
	7. 布置教學現場			
7-1 能養成良好的 學習態度	二、課程開始 1. 班長喊口令，學生向老師問好 2. 點名，詢問副班長未到名單 3. 請學生將手機收進抽屜，課本放置桌面並發下講義	1分	學生配合指令	
7-1 能養成良好的 學習態度	三、引起動機 1. 詢問學生是否有參加過喜宴的經驗？請大家回憶新人進場的畫面，並播放臺大醫師婚宴的創意進場新聞。詢問學生新人應入座哪一桌？位置如何安排？（主桌，背對舞臺男左女右） 2. 播放課程內容PPT封面頁，呈現今日課程章節為第四章餐飲禮儀-4.1席次的安排 3. 請學生看到講義p7並打開餐服課本p138，認真聽講課程最後有分組競賽	2分	專心聆聽 踴躍發言 學生配合指令	
1-1 1-2	貳、發展活動 一、以PPT介紹課程重點與範例 1. 中餐桌次與席次的安排 (1) 桌次安排原則（打★號重要） （前述問題連接下來，先交代桌次尊卑輩分與判斷方式，中餐宴客多採用圓桌） 主桌：位階最高的餐桌、其餘稱為客桌或平桌 ✓ 小故事：在宴會廳，每個服務人員會被分配自己所顧的桌，主桌通常會由較資深的服務人員進行分菜、酒水等服務（顯示主桌的尊）。曾經看過剛去打工的小弟弟妹妹傻呼呼的，端了平桌的菜直接跑去上在主桌的轉臺上，嚇壞現場的負責人 中餐桌次的左右方向：以<u>人在屋內，面對入口</u>來判斷 內外方向：<u>離入口處越遠為內</u>	2分	專心聆聽 踴躍發言 做筆記畫重點	

教學目標	教學活動	時間	評量	備註
	安排原則： ①右大左小： 　橫向排列，桌數偶數；右側餐桌為主桌 ②中間為大： 　橫向排列，桌數奇數；中間餐桌為主桌 ③裡大外小： 　距入口處遠為尊、距入口處近為卑 ④裡中右	2分		
1-2 能明白中餐桌次的安排	(2) 桌次安排範例 中餐桌次的安排，會考量宴客人數、會場格局、宴會主人（主家）需求來決定桌形，越靠近主桌的客桌位階越高，依照右大左小、中間為大、裡大外小之原則判斷尊卑	10分	專心聆聽 用心思考 踴躍回答 做筆記畫重點	

教學目標	教學活動	時間	評量	備註
	①兩桌排列：			

①兩桌排列：

横排

右為主桌（右大左小）

直排

離入口處遠為主桌（裡大外小）

②三桌排列：

品字形、正三角形

內為主桌（裡大外小、右大左小）

鼎足形、倒三角形

內側右方為主桌（裡大外小、右大左小）

一字形

中間為主桌（中間為大、右大左小）

教學目標	教學活動	時間	評量	備註
	③四桌排列： 正方形 內側右方為主桌（裡大外小、右大左小） 三角形、獨立形 最內側為主桌（裡大外小、中間為大、右大左小） 菱形、十字形 最內側為主桌（裡大外小、右大左小） 一字形 中間右方為主桌（中間為大、右大左小） ④五桌排列： 放射形、軸心形			

教學目標	教學活動	時間	評量	備註
	中心餐桌為主桌（<u>中間為大、裡大外小、右大左小</u>） ① ② ③ ④ ⑤ 梅花形 最內側為主桌（<u>裡大外小、右大左小</u>） ② ① ③ ④ ⑤ 倒梯形 內側中間為主桌（<u>裡大外小、中間為大、右大左小</u>） ④ ② ① ③ ⑤ 一字形 中間餐桌為主桌（<u>中間為大、右大左小</u>） (3) 席次安排原則（打★號重要） （名詞釋義） 首席：位階最高的席位 主賓：宴會中最重要的賓客，應坐首席（如謝師宴，老師為主賓坐首席） ◇席次安排之基本原則：無論中餐或西餐席次的安排，均須遵守幾項基本原則 ①尊右原則 ➤男女主人坐同桌且並肩時，男主人在左，女主人在右 ➤男女主人坐同桌且對坐時，女主人右為首席，男主人右為次席 ➤男女主人各坐一桌時，女主人在右桌為首席桌，男主人在左為次席桌 ②分坐原則 ➤男女分坐：男女賓客間隔而坐，及一男一女並肩而坐，增加男女互動及男士為女士服務的機會	5分	專心聆聽 做筆記畫重點	

教學目標	教學活動	時間	評量	備註
2-1	➤ 華洋分坐：即中外人士夾雜而坐，便於本國賓客與外國賓客的互動 ➤ 夫婦分坐：西餐宴席為之，中餐宴席則為夫婦並肩坐 ③三P原則（帶唸英文與解釋）（打★號重要） ➤ 賓客地位（Position）：依賓客的地位或職位高低來安排，例如部門經理的職位高於一般員工，經理應坐於尊位 ➤ 政治情勢（Political Situation）：若賓客來自不同的國家或政黨，席次的安排應考量國與國、黨與黨之間的關係，做適當的安排，例如若兩國處於交戰狀態，則該兩國之代表或官員即不宜排坐在一起 ➤ 人際關係（Personal Relationship）：考量賓客之間的親疏關係，安排席次時，有時會將彼此熟識的賓客排坐在一起，方便賓客敘舊、話家常；有時則會將彼此生疏的賓客排坐在一起，方便相互認識		開口唸誦英文單字	
2-2 能瞭解中餐席次的安排	(4) 中餐席次安排原則 安排原則： ①主賓坐首席，主人坐末座 首席座位通常位於面對入口處或離入口處最遠的位置，末座通常位於背對入口處 或離入口處最近的位置。主賓應坐首席，主人則坐末座（與主賓對坐），以便與主賓交談及迎送賓客 ②首席右側為尊，愈遠愈卑 以主賓的席位為基準，並以右尊左次為原則，一右一左依序往入口處方向排列，離主賓越遠的席位位階越低	2分	專心聆聽 用心思考 做筆記畫重點	

教學目標	教學活動	時間	評量	備註
	③成對賓客並肩而坐，男左女右成對的賓客（如夫妻）應並肩而坐，且應以面對餐桌的方向，按男左女右的原則排坐。另外，男女主人應與男女主賓面對而坐			
	④例外：若主人為德高望重或地位崇高者，主人坐首席。如：新郎新娘為婚宴主角，坐首席	10分	專心聆聽 用心思考 踴躍發言 做筆記畫重點	
2-2	(5) 席次安排範例 ①單桌 A.主賓、主人與賓客都是單人：主賓坐首席，主人與主賓對坐。其餘席位的尊卑如圖所示，例如生日宴會中，壽星為主賓，應坐於首席			
	B.主賓、主人與賓客都是成對：賓客成對出席時，應男左女右並肩而坐；男女主賓坐於首席，與男女主人對坐，例如須攜伴一同出席的正式宴會中，與會賓客應成對入座			

教學目標	教學活動	時間	評量	備註
	C.主人成雙，賓客男女未成對： 宴會中若無主賓時，男女主人應背對入口處並肩坐於末座，其餘賓客則依尊卑順序由內向外、一 右一左入座，例如新居落成時，男女主人宴請公司經理一人及同事九人至家中餐敘；經理的位階最高，應安排坐於最內側的右坐（圖中編號1位置） 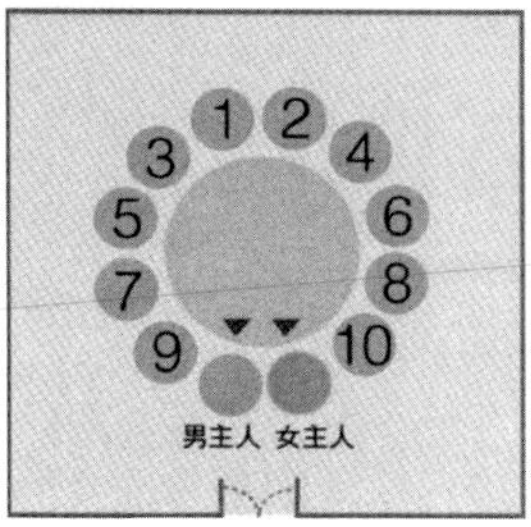 ②雙桌 A.主人、主賓及賓客皆成對： 當兩圓桌排列為一橫排時，男女主人應分桌坐於末座，女主人坐於第一桌，男主人坐於第二桌，以便招呼賓客。女主人對面應坐男主賓，男主人對面應坐女主賓，成對的賓客應男左女右並坐（此種排法每桌會多出一空位，可彈性補坐一人） 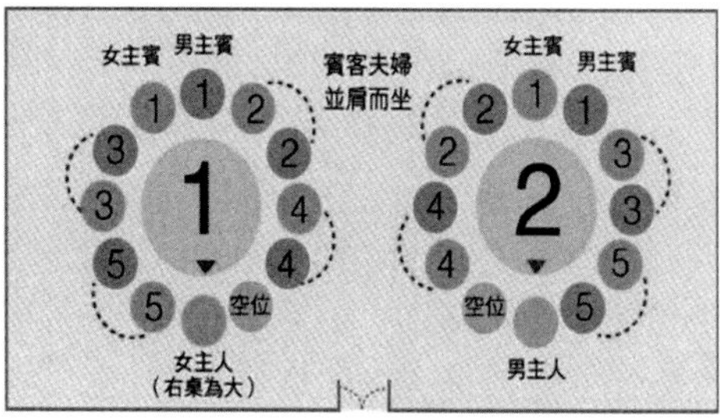 B.主人成雙，主賓、陪客各2位（未成對）：當兩圓桌排列為一直排時，男女主人應分桌對坐；女主人坐於內桌首席，男主人坐於外桌末座；兩位陪客則分別與男女主人對坐。男主賓 應坐於女主人右邊席位，女主賓應坐於男主人右邊的席位；其他賓客則依席次尊卑依序入座 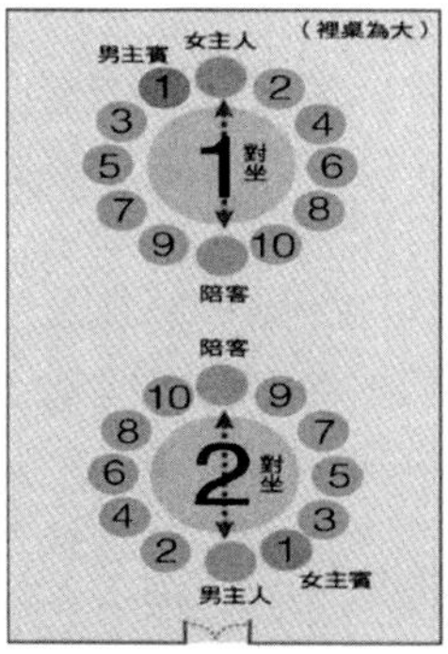			

教學目標	教學活動	時間	評量	備註
	✓陪客： 協助主人接待賓客的人，通常是與主人熟識的親友，如：主人的弟、妹 2. 座位卡、座次圖與桌次卡 以PPT介紹三種類型，搭配實物展示 (1)座次圖 宴會人數超過20人或設席兩桌以上時，宜使用座次圖，放至於宴會入口處，供賓客確認自己座位 (2)桌次卡 桌數較多的宴席上，使用桌次卡標示桌別，放置於餐桌上，方便賓客入座，例如男方親友桌、同事桌等 (3)座位卡 擺放於餐桌上每個座位前，通常為對摺的卡片，兩邊皆印有賓客姓名，方便自己入座，也供其他賓客辨識或稱呼	2分	專心聆聽	
6-2；6-3 能正確操作中餐桌次的安排 能正確操作中餐席次的安排	參、發展活動 一、複習重點 ➤以Bingo遊戲方式進行，將全班依座位分為AB兩組，每人取Bingo板、學習單一份，教室前方兩側備有席次安排題目本兩份（每組一份），教室前方中間備有叫人鈴一個 ➤先請學生各自將Bingo板填入1-25號，每題各組推派一人至前方代表答題，作答完至前方講臺響鈴，方為完成此題搶答，優先搶鈴者可選號碼一個；同時臺下學生作答學習單 ➤檢視兩組別答題情形，答對者該組全體同學得此號碼（打圈）；反之，答錯者該組別全體同學失去此號碼（打叉） ➤下題則推派另一同學代為答題，獲勝標準：優先五位同學完成兩條連線之組別 二、回家作業：學習單與下次課程預告 請同學利用課後時間將學習單完成，下次課程將繼續說明西餐席次的安排，請同學先預習課本內容 三、結束課程 請班長喊口令，下課	13分 1分	團隊合作 學習單 用心思考 積極參與課堂活動	

註：此教案佐以圖表，並說明活動進行方式，適合初任教學者使用。

單元名稱	咖啡的沖煮法	班　　級	高二丁餐		人數	20人
教材來源	文野出版社— 飲料與調酒(一)	指導教師	林○○		時間	150分鐘
教材研究	各式器材之咖啡沖煮法： 義式咖啡機（壓力式）、摩卡壺、土耳其式、濾泡式、冰滴咖啡壺 練習題 分組操作： 義式咖啡機、摩卡壺					
學生學習 條件分析	學生對咖啡的種類和特性已有基本認識 學生已經學過咖啡烘焙及研磨程度的差異 學生已經瞭解不同國家喝咖啡的方式					
教學方法	講述法、示範法、練習法		試教學生	蔡羽喬		
教學資源	1.學習單 2.PPT 3.各式咖啡壺（義式咖啡機、摩卡壺、土耳其咖啡壺、冰滴咖啡壺、濾泡式咖啡組）					

教學目標	單元目標	具體目標
	一、認知方面： 1.學生能認識各式咖啡壺以及瞭解操作方式 2.學生能瞭解各式咖啡壺的沖煮原理 3.學生能認識奶泡的製作方式和種類，以及發泡原理 4.學生能比較不同咖啡沖煮方式和烘焙、研磨程度的關係 二、技能方面： 5. 學生能以正確方式使用義式咖啡機 6.學生能以正確方式製作奶泡 7.學生能以正確方式使用摩卡壺	一、1-1 學生能說出沖煮摩卡壺咖啡所需器具以及沖煮流程 　　1-2 學生能說出沖煮土耳其咖啡所需器具以及沖煮流程 　　1-3 學生能說出沖煮壓力式咖啡所需器具以及沖煮流程 　　1-4 學生能說出濾泡式咖啡種類和所需器具以及沖煮流程 　　2-1 學生能瞭解摩卡壺、土耳其式、義式咖啡機、冰滴咖啡四種咖啡沖煮的原理和特點 　　3-1 學生能說出奶泡製作步驟和方法 　　4-1 學生能說出不同的咖啡沖煮方式分別適合何種烘焙、研磨程度的咖啡豆 二、5-1 學生在操作義式咖啡機時，能以正確的方式磨豆與填粉 　　5-2 學生在操作義式咖啡機時，能以正確的方式與步驟沖煮出一杯義式濃縮咖啡 　　6-1 學生能熟記打蒸氣奶泡時的操作步驟 　　6-2 學生能使用義式咖啡機的蒸氣發泡管打出蒸氣奶泡 　　7-1 學生能以正確的方式操作摩卡壺沖煮出濃縮咖啡

教學目標		
三、情意方面： 8.學生能以積極的態度學習並與同學互相交流 9.學生在工作時能確實遵守正確的操作步驟和衛生規範	三、8-1 學生在課堂中能認真學習各式咖啡的沖煮方法 8-2 學生在課餘時間會主動練習咖啡沖煮技巧，並和同學分享成品 9-1 學生在操作練習時，能遵守食品衛生規範 9-2 學生能將所學內化並運用於未來的職場中	

教學目標	教學活動	時間	評量	備註
	準備階段： 1.複習上週課程─咖啡的研磨程度以及適合沖泡的壺具	5分	課後收回學習單確認學生是否正確填寫	
	2.介紹今日上課內容─義式咖啡機、摩卡壺、土耳其咖啡壺、比利時皇家咖啡壺、冰滴咖啡壺	2分		
	3.發下學習單，請同學跟著課程進度填寫			
2-1	發展階段： 搭配學習單和PPT講解以下課程內容 1.摩卡壺歷史和沖煮原理 2.義式咖啡機沖煮原理和奶泡製作方法 3.土耳其式咖啡沖煮原理 4.濾泡式咖啡種類和沖煮原理	3分 5分 15分 5分 10分		
8-1 8-2	總結階段： 1.詢問同學對於上課內容的疑問與學習心得，若沒有則隨機抽問 2.請同學下節課準時至飲調教室集合	5分	口頭抽問學生問題	
	準備階段： 1.請同學至吧檯前集合、安靜 2.說明今日示範內容：義式咖啡機、土耳其咖啡壺、摩卡壺、比利時皇家咖啡壺	3分 2分		
	發展階段： 教師示範			
1-1	1.摩卡壺沖泡方式並提醒沖泡時需注意之事項	6分	口頭詢問學生沖泡流程	
1-2	2.土耳其咖啡壺沖泡方式並提醒沖泡時需注意之事項	6分		
1-3	3.比利時皇家咖啡壺沖泡方式並提醒沖泡時需注意之事項	7分		
1-4	4.義式咖啡機使用方式以及填粉和打奶泡方式並提醒製作時之注意事項	15分		
1-5	5.介紹冰滴咖啡壺和沖煮方式，並於週五滴泡，下週一讓同學試喝	6分		
5-1 5-2	學生分組練習，有問題可隨時提問 1.一到四組練習摩卡壺，五到七組練習義式咖啡機	20分	學生練習時教師至各組巡視同學動作是否	

		一、以學生舊有的印象來引導對西式點 心的準備（引發學生思考） 　詢問學生對於之前上過的西式麵包 　是否有印象，請說出有做過哪些， 　以PPT做輔助 　答案：奶酥甜麵包、布丁餡甜麵 　　　　包、紅豆甜麵包、橄欖形餐 　　　　包、圓頂奶油土司、葡萄乾 　　　　土司、山形白土司麵包 二、教師講解今日麵包製程 　以PPT呈現今日麵包的圖片流程及 　材料 三、教師示範麵包滾圓 　講解麵糰滾圓發酵的原理 ◎滾圓：讓麵糰恢復柔軟性，保持 　　　　光滑外皮，防止酵母產生的氣泡 　　　　外洩，增進內部組織均細，同時 　　　　光滑表皮另一好處是使操作時 　　　　不黏手，烤焙出來的麵包也較美 　　　　觀光滑。滾圓時將小麵糰置於手 　　　　掌虎口下，手指內彎成弧狀圈住 　　　　麵糰輕輕搓動，其要訣是手心不 　　　　使力，僅與桌面接觸之手指產生 　　　　摩擦力，促使麵糰表面光滑。但 　　　　需注意滾圓太多次，表皮將破裂 　　　　而粗糙。麵糰滾圓應儘量減少灑 　　　　粉，以避免表皮不易黏結，影響 　　　　產品外觀		
學習階段	10 分 鐘	（見上）	問答法、講述法、示範法	自製講義
應用階段	3 分 鐘	＊學生應用時間 　讓學生上臺練習教師組別的麵包滾圓	練習法	
學習階段	10 分 鐘	◎講解中間發酵的原理：滾圓後的麵 　糰由於失去氣體而變得結實缺乏彈 　性，不易整形，需經過15分鐘的再 　發酵，以重新產生氣體，恢復應有 　的延展性與柔軟性，以利後續的整 　形操作 ◎活動一：排排看（拿出預先製作的 　麵包製作流程卡，並請六組學生排 　出麵包的製作順序，以最先完成並 　正確的那組得分。） 四、教師示範麵包包餡整型		

表格右上儲存格內容：
1.電腦單槍設備
　（使用投影片放出
　PPT，將問題及教
　授內容顯示在螢幕
　上。）
2.自製麵包流程卡
3.加分板

應用階段	7分鐘	＊學生應用時間 讓學生上臺練習教師組別的麵包包餡	練習法		
學習階段	10分鐘	◎活動二：說說看（請同學說出麵包製作的重點） ◎題目：滾圓的作用 　　　　中間發酵的時間 ＊請同學繼續看PPT（烘焙食品—麵包類丙級標準表）	講述法、問答法	自製講義	1.電腦單槍設備（使用投影片放出PPT，將問題及教授內容顯示在螢幕上。） 2.加分板
總結階段	8分鐘	一、重複講解接下來的流程 　＊09：45最後發酵 　＊10：35前入爐烘烤 　＊11：20產品講解、品嚐時間 　＊11：50打掃完畢 二、發問問題 三、頒獎 四、說明作業繳交的時間並告知下次上課內容 五、收拾椅子，恢復場地	講述法、問答法	自製講義	1.電腦單槍設備（使用投影片放出PPT，將問題及教授內容顯示在螢幕上。） 2.加分板 3.產品量表海報

註：①此教案無對應目標，而是以教學階段來呈現。
　　②教學目標也未清楚呈現。

範例六：客房實務

單元設計	第三章旅客遷入作業 第二節客房遷入作業服務	班級	觀二勤	人數	40人
教材來源	客房實務I（文野出版社）	老師	王○○	時間	50分
教材研究	一、餐旅概論I科目大要 　　客房實務I包含客房部的組織、訂房作業、旅客遷入作業、客帳作業及旅客遷出服務等五章。內容旨在讓學生瞭解客房實務的基本知識，俾使學生能將所學運用於觀光事業和實際生活中 二、題材說明 　　旅客遷入作業是旅館與客人面對面服務的開始，自掌握旅客的資料、機場接待、櫃檯接待、安排適當的客房、提供諮詢服務等，是旅館櫃檯提供旅客遷入服務程序中相當重要的環節，本章介紹各項作業的流程、彼此的關聯性及培養作業的正確性，以便銜接次章節所述之客帳作業及旅客遷出的作業服務 三、教學策略 　　1.運用提問方式引起學生的學習動機 　　2.在講述課程中，搭配問答法讓同學能夠參與課程互動 　　3.利用5W小花圖卡來釐清學生客房遷入的概念				

	4.播放相關影片及住宿登記卡的教具，吸引學生學習的注意力 5.以模擬飯店遷入作業，讓學生能夠實際運用櫃檯遷入的相關專業知識 四、教學綱要 1.能夠說出住宿登記5W（Why、Who、When、Where、How） 2.瞭解住宿登記流程 3.說明住宿登記卡 4.練習住宿登記流程
學生學習 條件分析	一、已修習餐旅概論及其他相關課程 二、已瞭解旅館的組織及各人員的職掌
教學方式	講述教學法、問答教學法、媒體法
教學資源	一、參考資料 1.客房實務I。吳勉勤。龍騰出版社 2.總裁獅子心。嚴長壽。平安文化出版社 3.餐旅概論。張脥紹。全華出版社 4.網路媒體影片：English for Hotel & Tourism: checking in 二、教材應用 課本、學習單、Power Point檔案、自製教具、相關課外讀物（總裁獅子心、你可以不一樣）、網路資料（影片） 三、教具應用 黑板、粉筆、筆記型電腦、單槍設備、麥克風、學習單、Check in小卡

教學目標		單元目標	具體目標
	認知層面 （知識探求）	1.複習飯店登記作業5W	1-1 瞭解飯店為什麼（Why）要Check in 1-2 瞭解飯店誰負責（Who）Check in 1-3 瞭解飯店何時（When）要Check in 1-4 瞭解飯店在哪裡（Were）Check in 1-5 瞭解飯店如何（How）Check in
		2.瞭解住宿登記的流程	2-1 能詳細說明住宿登記的流程中迎賓、確認訂房、住宿登記、預付房帳、發送鑰匙的注意事項能 2-2 正確說明住宿登記的流程與旅館英文的語文能力
		3.認識住宿登記表	3-1 瞭解認識住宿登記表每個格子及內容 3-2 正確說認識住宿登記表中該注意的事項
	技能訓練 （能力培養）	4.練習Check in	4-1 模擬練習Check in的流程 4-2 能夠回答客人對於住宿登記表的疑問 4-3 能幫助客人進行旅客住宿的遷入
	情意培養 （態度陶冶）	5.培養學生服務態度	5-1 培養學生服裝儀容專業的形象 5-2 能培養出體貼服務的心

教學目標	教學活動	教學資源	教學時間	教學評量
5-1	一、準備活動 (一) 教師方面 　1.分析教材，確定教學單元內容並蒐集相關參考資料 　2.編寫教案 　3.製作PPT 　4.製作學習單及回饋單 (二) 學生方面 　1.已預先搜尋觀光局網站的住宿資訊 　2.準備課本、筆記本、筆 　3.一顆熱愛學習的心	教科書 電腦 網路		
5-1	二、教學活動 (一) 引起動機 　1.穿著像旅館櫃檯人員的制服 　2.詢問學生今天有什麼不一樣 　3.引導學生進入今天櫃檯遷入─住宿登記的上課主題及發放學習單 　4.預告今天每位同學也會成為飯店櫃檯人	專業旅館 櫃檯制服	約3分 1分 1分 1分	主動發言 互動問答
1-1 1-2 1-3	(二) 課程講解 主題1：複習飯店登記作業5W (1) 住宿登記是飯店很重要的環節，所以用5W來複習大家對於旅館住宿登記的概念 (2) 以講述法分別介紹飯店登記作業5W 　①Why（為什麼）： 　　A.旅館跟客人之間互動的第一步 　　B.旅館業管理規則規定 　　C.建立顧客資料（Guest History Record） 　　D.確認實際住宿的天數、人數、check out的時間 　②Who（是誰）： 　　A.飯店櫃檯人員 　　B.重要的VIP客人，飯店會有G.R.O（Guest Relations Officer）或Butler管家專人服務 　③When（何時）： 　　A.一般都在下午PM 3:00	課本 黑板 粉筆	約5分	能夠完成學習單 專心聽講 主動發言

	B. 但是也可以提早遷入（Early Check in）			互動問答學習單
1-4	④ Where（何地）： A. 飯店櫃檯 B. Room Check in C. 情境假設：劉德華來臺灣，他們通常會在房間內遷入	課本 黑板 粉筆		
1-5 2-1	⑤ How（如何）－要如何進行check in呢？我們看到學習單第二大題，櫃檯遷入流程 主題2：住宿登記的流程 (1) 以講述法說明住宿登記的流程與注意事項 ① 迎賓： 　A. 由於櫃檯接待員的表現會左右客人對飯店的觀感，因此櫃檯人員必須要讓客人感受到很期待他來到，並且有技巧的稱呼其名		20	
5-1	B. 練習一下志玲姊姊的完美笑容：笑時不要露出牙肉、只露上排牙、少露下排牙，以及笑容的闊度不可超過臉的一半 ② 確認訂房：分派房間： 　A. 現在飯店都已電腦化，所以當客人check in時，櫃檯人員會打開房間配置表，查看訂房紀錄或是安排空房 　B. 圖片上一格一格代表房間，上面會說明誰住在裡面，房帳多少，何時進入等等資料 　C. 有時Early Check in的客人來，但櫃檯人員發現沒房間時，會請他到Lobby Bar等或是到咖啡廳坐或是建議改變房型（Twin bed/ Double bed）	電腦 單槍 白幕 PPT 學習單 PPT		正確的回答學習單上的問題 同學互相看對方的笑容
3-1	③ 登記住宿： 　A. 分配好房間要進行登記住宿，填寫住宿登記表 　B. 登記住宿時需要什麼東西呢？ 　　a.證件：身份證、駕照、外國人需要護照	PPT 實例圖片 學習單		

| 3-2 | | b.住宿的資訊：有幾個人，要住
幾天，什麼時候要離開
④ 住宿登記表講解
　A. 姓名：櫃檯人員要核對姓名欄
　　　上的名字是否跟證件上面的相
　　　同，拼音是否正確
　B. 公司名稱：如果你是商務旅客
　　　到臺灣出差，要清楚的寫下公
　　　司名字，避免結帳時有問題產
　　　生，另外，如果你是向旅行社
　　　訂的，那要註記旅行社名字或
　　　是給訂房確認單
　C. 國籍：這些歷史資料彙整之
　　　後，未來可以做推廣業務的參
　　　考資料，例如以前老師在泰國
　　　實習時，我們飯店過年時，飯
　　　店營造了中國過年的氣氛
　D. Arrival date是抵達日期/
　　　Departure date是離開的時間
　E. 房型（Room Type）：複習一
　　　下房型：Double bed、Twin
　　　bed、Suite Room，另外，有時
　　　候客人要的房間沒有的時候，
　　　可以給客人升等（upgrade）或
　　　Suite套房
　F. 地址：可收到飯店寄來的促銷
　　　資料。另外，下次在來到飯店
　　　時，會發現這些資料都會印在
　　　住宿登記單上
　G. 客人填寫完畢之後，櫃檯人員
　　　會在住宿登記卡上面註記一些
　　　資料，方便之後check out，像
　　　是房價，房號、訂金，這些資
　　　料都會轉進房帳的資料，以上
　　　在下一章會更詳細的說明
　H. 為什麼房帳不能給客人看到
　　　呢，因為房價牽扯到佣金的問
　　　題，就是commission，所以即
　　　使每房的價格都不同，如此，
　　　多繳錢的人不就會生氣想退錢
　I. 簽名：這動作很重要，這張登
　　　記表不只是表格，更是一個契 | 黑板
PPT

放大版的
住宿登記
卡教具 | | 專心聽講
主動發言
互動問答
學習單 |

	約書，同時保障了客人跟飯店，也是支付房價的重要憑據 J.住宿政策說明：這東西像是我們吃東西時，附上的食用說明一樣，告訴你一些你必須注意的地方，通常飯店會在這告訴你，退房時間與是否加稅或服務費			
2-2	⑤預付房租： 　A.通常飯店會預收一日以上的房租，所以要先確認客人的付費方式 　B.通常我們會鼓勵客人刷卡，並且先把它預刷（Imprint），以免客人跑帳（walk out、skipper）、好追帳，如果是公司帳也要確認是全額付，還是房租（Room Only） 　C.旅行支票—在當地換成現金，在指定的商店、餐廳或旅館可以直接使用 ⑥發送鑰匙：現在多為電子門卡（Hotel passport），這門卡不只鑰匙，還有其他功能，例如啟動房間電源，客人可以用門卡在飯店裡消費 主題3：Checking in影片Q&A (1)看English for Hotel & Tourism: checking in的影片，並提示裡面重要的內容，問同學影片裡的問題 (2)一邊看影片，一邊檢討學習單上面的問題 ＊提示影片重點：single room、deposit、adjoined room、connecting room、upgrade、suites	影片	10分	
4-1 4-2 4-3	三、綜合活動 　(一) 模擬飯店櫃檯遷入 　　1.準備飯店遷入情境卡，確認填寫的內容 　　2.找同學練習櫃檯遷入作業 　(二) 總結 　　1.總結今日所教的check in 5 W跟流程 　　2.回家寫學習單跟完成住宿登記表	遷入情境小卡 住宿登記單	10分	能夠流暢的進行飯店遷入作業程序

註：此教案詳實完整，目標對應清楚明瞭，同學可多參考。

看了上述的教案範例，同學可吸取其優點，並依照自己的教學專業和學校要求的表格來呈現教案，歸納一份好的教案，應有下列幾項重點：

一、清清楚楚的教育目標，並包含知識、技能及情意三大項。

二、教具及教學資源的說明。

三、教學評量的說明。

四、時間的分配。

五、教學方法的註記。

六、多元的教學方式。

七、將教學目標清楚地對應教學內容。

第二篇

教學方法篇

　　本篇主要介紹教學的方法，依照專業科目的屬性分章介紹，共分爲五章，包含第四章爲專業科目教學法、第五章爲實習科目教學法、第六章爲情意領域教學法、第七章爲其他多元教學法、第八章爲專題製作教學法。

第四章

專業科目教學法

教學方法是指在某一時段和適當的課程型態之下，為達成教學目標，教師所呈現出的有計畫、有效率、有程序、有系統的教學行動。

　　教學方法千千百百種，甚至一堂課程裡能同時使用不同的教學法，那麼，讓大家猜猜，大學老師們最喜歡用什麼方式教學呢？在這裡，我們以本校師培生為樣本，得到了以下的答案。果不其然，講述法一直都是名列第一（如圖4-1）。相信此情形在高中也並無什麼不同，講述法一直是各階段教師最常使用的方法。在臺灣以教師為中心的任教法，是普通的教學方法。

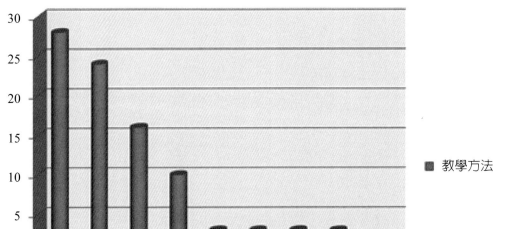

圖4-1　現今學生最常接受的教學方法

資料來源：本書作者調查國立高雄餐旅大學修習教育學程之受教經驗。

第一節　講述法

　　講述教學法是一種以某個特定主題為中心所做的有組織、有系統的口頭講授（陳昭雄，1985）。它是最傳統的教學法，也是最常用的教學方法，教師以口述的方式配合板書或教具進行教學，但不同的上課風格也同時會影響到學生的專注力，雖說方法簡單，但如何吸引學生的注意，成了重要課題，因此也較具挑戰性。嚴格來說，講述教學必須配合其他的教學方式與講師的

溝通技巧，才能讓課程更臻完備。良好的講述法，要能夠提升學生的學習動機，用深入淺出的口頭說明，使學生瞭解教授的內容（張世忠，1999）。

　　圖4-2學習金字塔提醒我們，純講述課程只能在二週後保留50%的記憶，因此，雖然講述法是最常見的教學方法，但一定要掌握好技巧，並且搭配其他方法，才能提高教學效益。

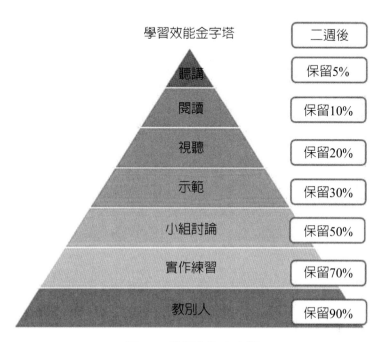

圖4-2　學習效能金字塔

資料來源：美國緬因州國家訓練實驗室（National Training Laboratories）。

一、講述法的事前準備工作

㈠ 熟悉教材

　　教師應充分瞭解教材內容與各版本教材間的差異，如此熟悉教材後在授課時，自然可以輕鬆的幫助學生釐清重點、深入淺出的融會貫通。

㈡ 編製教案

　　如上一章的編制重點，教師依據教學計畫上的規劃授課，學生也能比較有系統的吸收。

㈢ 考慮教室情況

　　一個好的環境也能影響學生的學習氣氛。此外，上課前也需要考慮學生人數與該班風格，方能預先規劃適合該班的課程。

㈣ **準備必須的教具**

圖表、地圖、卡牌、PPT、模型、影片等教具須在上課前準備完成。須登記借用的教具要提前準備。圖4-3就是老師利用自製教具，使學生理解講述內容。

㈤ **考慮各項練習及作業**

除了教師的講授，學生的自主練習與回家複習也十分重要。安排適量的回家作業供學生練習準備，也是教師的責任。

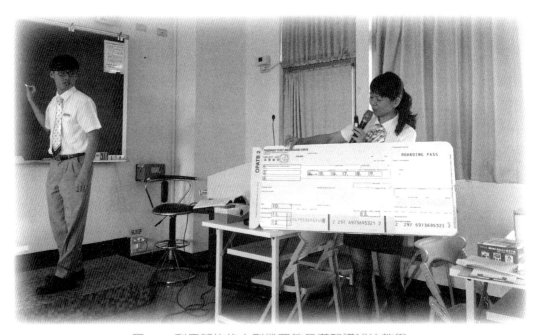

圖4-3　利用輔佐的大型機票教具搭配講述法教學

二、講述法的原則

講述法雖然是最常見也最容易實施的教學方法，但必須遵守幾項原則，使講述教學法達到一定的成效。一般而言，講述法的原則如下（陳昭雄1985、張添洲2010）：

㈠ 依據教學目標實施講述教學。

㈡ 主要的講述與溝通者是教師本人。

㈢ 學生是知識轉移的接受及聆聽者；亦即學生是主要的講述對象。

㈣ 講述的內容要符合學生所需，並且要能符合學生的能力。

㈤ 口頭是最主要的講述方法，還需配合一定的肢體動作或者板書、教具，使講述內容能順利的傳達至聆講者。

（六）教學內容必須經過設計及組織，使聽講者能夠在一定的邏輯下理解內容。

（七）講述者必須具備一定的講述技巧，並能隨時依聽眾的反應，調整內容及速度。

三、講述教學法的特色

講述法的優缺如表4-1所列，講述法最大的特點便是教師講述課程內容，學生單一的吸收，較無互動，但教學模式好掌控。這樣的方式之所以被許多教師所選擇，主要是因為節省教學時間，但也因為單一的講授不一定能引起每個學生的興趣，因此授課氣氛容易變得空泛。講述法不能長時間保留學生的注意力，因為講師所講的內容未必使學生感興趣，所以教師掌握上課氣氛的說話技術，就顯得很重要，每個語氣頓點都是吸引學生的關鍵，內容的精彩度也能影響加深學生的印象；另外，講述法也不易培養學生自動自發學習的能力與習慣，因此若是能在課程中三不五時穿插小組討論或問答，學生在上課時也比較容易全神貫注的傾聽、並自主思考。茲將講述法的優缺點整理如表4-1（陳昭雄，1985；張世忠，2010；張添洲，2010）。

表4-1　講述法的優缺點

優點	缺點
1.最經濟的教學方法。 2.不受限於教室及設備，隨時可運用此教學方法 3.講述的過程易於被學生紀錄及保留，例如：以簡單的錄音，或者筆記即可保留內容 4.可以隨時配合其他教學法，達到成效 5.不受人數限制，有時可運用於大班級之授課，有效運用教學時間 6.教師可自主調整進度 7.教師較容易掌握上課秩序	1.講述時，以教師為主，學生無法進行探索、操作，對教學內容的保留程度較不深刻 2.冗長的講述，學生無參與感，不易引起學習興趣，也不易激發學生的好奇心 3.講述常使學習不夠深入，只是單一的接受知識而已，學生對內容不易記憶保留 4.若教師的講演技巧未掌握好，課程容易顯得呆板不活潑 5.對於抽象的內容，若無補充的教具或教材，不易理解 6.無法注意到每位學生的個別差異 7.長久講述，教師的喉嚨易造成損傷

資料來源：修改自陳昭雄，1985；張世忠，2010；張添洲，2010。

四、講述法的要領

（一）準備充分

充分的準備能讓教師更有條理的表達出課程的教學內容。唯有教師先瞭

解，才能淺顯易懂的為學生講解。因此課前的準備非常重要。教具的準備也能輔助教學。圖表、標本、模型、儀器、影片、錄音、錄影、實物、還有更多的東西都可以用作為教具。不但能讓學生加深印象，也能讓他們有接觸實物實際操作或記憶的機會。

㈡ 講述清晰有技巧、態度熱忱、留意肢體語言

講演時注意腔調、用字遣詞宜優雅；避免口頭禪，例如：臺灣人常會在停頓時無意義的說「對啊！」，在句子的連貫間不斷使用「然後」、「那……」來連接，若有鄉音或發音不清楚的地方，也宜常朗讀報章雜誌來訓練口齒清晰度。

教師授課時的態度也應有熱忱、從容不迫、親切、誠懇、視線環視全場、留意表情，宜面帶微笑、說話要條理分明並配合板書。注意演講的動作、神態和身體語言。站的位置也很重要。有些教師習慣站在講桌後，建議教師可以走動，利用行間行走，觀察聽講者反應，也可拉近學生與教師與同學間的距離。

㈢ 講述的速度不急不徐

何謂不疾不徐呢？一分鐘語速又是多少字才正常？

答案是：二百字左右。講師的音調也應抑揚頓挫、寧慢勿快、太小聲者則用麥克風。儘量訓練自己即使沒有麥克風也能讓聲音至少傳遞到座位第七排（最後一排）同學能清晰聽見的程度。由腹腔用力發音，是較省力的發音方法，若不習慣的教師，可以好好研究，自我訓練一下，對長期要講課時，當有許多的助益。在語言運用方面，也要注意口齒清晰、速度適中，聲調變化而有致，避免口頭禪。

㈣ 講述的時間不宜太長

講述時間太長時，容易讓學生喪失注意力。一個人的專注時間，雖然會隨著年齡的增長漸漸加長，但仍然有限。以小學生為例，小學生平均的專注時間是十分鐘，年齡越大，專注時間越長，但還是以二十分鐘為一個區間較適宜。在此，建議以二十分鐘為基準。

每二十分鐘，教師可以轉換一個主題或是改變教學方式，問答、小組討論、練習都是很好的方式。

㈤ 引起興趣及集中注意力

講述中間穿插問答、鼓勵學生發問。多一些互動，可以確保講述內容是否能吸引學生的注意力。此外，教師也可以善用非正式的即席小組討論，在不用換座位的情況進行，增加學生的注意力。不同的思考方式就像是一種休

息，讓學生可以重新凝聚專注力。特別是講述後，還有發問和討論的機會。依據伍爾本博士的說法，有時候說說故事，往往會使講課的效果更好（劉如菁，2014）。因為詳盡的解說雖然完整，但在學生的角度，也代表無聊、乏味。初任教師宜多閱讀書本、注意時事，將課本內容，轉化成故事一般的內容，如此，才能吸引學生的注意力，提高學習動機。

㈥ 講述內容適合學生程度並有條理

　　教師應在講述前，先告訴學生他們所預期要學到的成果，讓學生有目標的學習、聽取上課內容。講授時，內容宜有層次、結構音調清楚、增加學生興趣，儘量以課本上的內容為主，並適當的增加一些補充教材融入於講述內容間，避免照本宣科或一再重複講述內容，隨時確認學生是否跟得上進度。講授正題的時間，一般而言以十五分鐘為一段落。此外，教師在講授到一個段落時，可以增加一些額外的話題，例如笑話、時事、案例等，拉回學生的興趣與注意力。依據呂錘卿在教育實習新論中第五章（賴清標，2015）指出，講述法的陳述技巧共有八項：1.在一時間單位內只陳述一個重點；2.陳述清楚，逐步引導；3.在艱深處做說明、解釋或舉例；4.適時提問；5.講述生動化；6.適時的強調重點；7.講述的時間不宜太長；8.適時運用集中焦點的技巧。

㈦ 配合板書及筆記，深化講述內容

　　板書與筆記也是教學內容的一大關鍵。教師的板書應端正、字體大小適中；寫黑板時的方向宜由左而右、由上而下。教師也要提醒學生將重點用螢光筆或鉛筆等畫線，以利他們自我複習時容易找回上課的重點。為促使學生的學習效益，適度的要求同學做筆記是好的策略。高中生亦適合製作學習單，在講述之後，馬上請同學練習，以增強講述的重點。在重要的段落，提醒學生抄寫筆記，幫助記憶。

㈧ 注意肢體儀態

　　講述法類似演說，除了有說，也要有演的部份，「演」指的是肢體及儀態，而非演戲。教師在上課時，專業及大方、自然及幽默，都是必要的。因此，在上課時，必須要穿著得體、態度大方，而且在行為舉止上，宜作為學生的表率，不希望學生有的行為，教師自然也不宜有此行為，此為身教。在講述課程時，動作要自然大方，不宜有不雅的動作，例如：手插口袋、手理頭髮、玩弄粉筆等。眼神則要常與學生接觸，並環顧四方。為了關注所有的學生，能夠適時的行間行走，關注學生學習的狀態，是稱職的教師應有的表現。教師在講述時，忌諱固定站在講臺後方，且不與學生眼神接觸。在講述

時，若遇到強化語氣時，則宜用適時的肢體語言輔助。

五、講述法的教學過程

㈠ 引起動機

引起學生對上課主題的興趣，可搭配時事，或者以前一堂課的內容複習舊知識，喚醒學生的學習記憶。

㈡ 講述的主要內容

主要的內容為每節課重要的單元，十分鐘為正題的時間限制，二十分鐘則適合成為一個段落，太長，學生無法集中精神。而講述主要內容時，務必要有組織並且系統性的講述，使學生易於瞭解。

㈢ 提問

在主要內容講述時，可以隨時提問，確認學生瞭解講述的內容。在學生已分心的時候，可以暫時停止講述，以問答法，詢問學生上課的內容，做為強調重點的提示。或者詢問學生是否都已瞭解，以提醒學生要保持專心。

㈣ 結論

用簡單的方式，將內容作一摘要敘述，亦可搭配預先安排的習題，總結主要內容的學習。在結論時，亦可預告下一單元的內容，或者安排學生回家作業。

第二節　作業教學法

係指利用作業教學有關的活動，讓學生在有目的且有計畫下進行學習活動。作業教學法的流程共有四步驟（如圖4-4）：決定目的、擬定計畫、評鑑學習結果、執行計畫（陳昭雄，1985）。

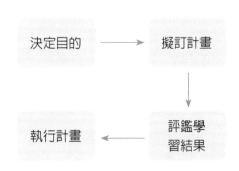

圖4-4　作業教學法的流程
資料來源：陳昭雄（1985）。工業職業技術教育。臺北：三民書局。頁115。

作業教學法的內容包括閱讀、查資料、做簡報、小論文、演算、回答問題、繪製地圖、調查、訪問、比較、實驗、表演、專題等，和教學內容與進度有關的作業活動。教師會依據授課的內容與程度，指導並分派作業給學生，而學生從中習得相關的知識與經驗，這就是作業教學法的內涵。作業教學可以是個人、小組、全班的作業，舉例而言：個人作業可以是心得報告、或者是上課筆記、學習單等；小組作業，可

以是分組的專題、小論文或者是企劃案等；而全班的作業，則可以是期末的成果展或者是全班的表演話劇或創作作品等。葉丙成教授所提倡的翻轉教室學習，便是運用作業教學法的一個範例（葉丙成，2015）。所謂的翻轉指的是在家看教學影片，在課堂上寫作業或作習題及答案的討論。

教師利用作業教學法，除了讓學生熟悉學習內容外，亦有讓同學延伸應用上課所學的目的及功能，亦即透過作業教學法，試圖讓學生累積經驗，以及達到訓練學生解決問題的能力。而若是小組及團體作業，則更可培養學生團隊合作能力。在設計作業教學的步驟時，教學應該配合學生的個人興趣，並且要能掌握學生的學習動機；作業的內容，應對學生具有挑戰性，且能夠激發學生的潛力。設計作業時，也應考量學生的能力範圍，包含學生的智力、基本能力及經濟能力許可的範圍中操作；當然也要在安全的情況下，進行作業的實施。更要切記，作業的目的是為了達到學習目標，而非填塞教學的空檔，亦即學生透過作業的練習或完成，可以增進能力，得到個人的成長。基於上述，作業教學法有下列的指導方針（周春美，2009；陳昭雄，1985）：

一、作業教學法的特性

㈠ 作業是經過設計的，且必須與所任教課程相關

以觀光地理課為例，地理課下一節課要上北歐，請學生回家查詢有關北歐的國家，並選定其中之一，介紹其特色，繪製其特色地圖。又如，中餐烹飪課程，為了讓學生可詳細記住某道菜的流程，讓同學將今日練習的菜餚，回家可以課後記錄烹飪的方法及流程。

㈡ 作業教學的目的是為了達成教學目標

透過事先查詢資料，學生可以先對該科目的內容有淺顯的瞭解，在下次上課時，學生便會比較有參與度，也可以和教師進行資料的交流與討論回饋，以達到使學生熟練的教學目標。

㈢ 作業可以單獨進行，也可以團體合作

依作業所需花費的時間，可以把作業設計成單獨進行，或者小組合作進行。例如：觀光地理的課程進行到一段落時，請之前選定相同國家的同學組成一個小組，制定一份關於該國的詳細旅遊計畫，讓學生分工、互相交流其個別查詢到的資料。又如菜單設計作業，分組進行，完成一份實際的菜單設計，可達到練習效果以及集思廣益的目標。

（四）**完成作業後，教師應給予考核，並給予回饋**

在小組作業完成後，分別上臺報告。教師在報告結束後，與學生問答互動，並講評。最後讓學生回家把一些錯誤修正後，繳交最終版本給教師評分。

（五）**作業教學法，除了動腦，更要動手完成**

學生在觀光地理課繪製地圖時，要同時研究比例尺、國家形狀、以及各省分在地圖上的相對位置。除了考驗繪畫技術以外，還同時需要細心觀察，並思考如何在地圖上加上該國特色。菜單設計也是有同樣的效果，學生不但要思考配合餐廳營運方向的菜單，還要利用各種工具畫出或製作出美觀實用的菜單，此可達到手腦並用的目的。

應注意的是，教師應在發配作業時，詳細的講解作業的要求。例如字體、應有內容、所需工具及設備、參考書籍或樣本。事先介紹不僅可以減少學生犯錯或遇到困難的機率，也能減少作業完成的時間，更能減少學生的焦慮。或是能在做作業前告知該作業的學習目標與目的，也能提高學生完成的動力。若能透過作業引起學生對該科的興趣進而有更深入的瞭解，則是最佳的結果。而若能提供一些好的作品範本，學生則更容易理解老師所希望達成的目標。

二、作業教學法的創意範例

（一）**飲料調製**

在寒假調製創意飲料並請家人試喝後，評分，並做成檔案。

（二）**中餐烹飪**

利用過年期間，設計並製作年菜，請家人試吃、評分，並做成檔案。

（三）**餐旅概論**

請至住家附近的餐廳用餐，並分析該餐廳的服務品質。

（四）**餐服技術**

將口布以色紙摺好，並依步驟說明清楚，張貼在硬紙板上。

（五）**餐飲管理**

設計菜單、開設餐廳的營運計畫、餐廳管理品質問卷規劃。

（六）**西餐烹飪**

期末分組作業，設計小組期末創意節日菜單，並烹調出來。

三、創意作業練習活動（動腦時間）

請依小組合作方式，討論如何設計活潑有創意的作業，並說明計分的重點。思考及討論十分鐘後，於臺上分享三分鐘。

第三節　示範教學法

在專業科目中，有些知識或技能，必須透過教師的示範，才能達到效果。示範的方法可以是全班、分組或者個別示範。無論何種方法，都是爲了將要傳達的知識或技能，透過老師的親自操作，讓學生能夠完整理解。示範教學是一種視覺重於聽覺的教學方式，示範的時候，包含知識或背景理論的介紹、操作、透過眞實的呈現，讓學生完全的理解（陳昭雄，1985）。舉例而言：中餐烹飪課程，由老師一邊講解作法，一邊示範，可以使學生瞭解操作流程，最後還能看到實際的成品，效果非凡。或是餐桌擺設，一邊佐以圖片說明，一邊將餐桌擺好，並在過程中可以提示擺設時應注意的細節及儀態，學生較能完整地吸收專業的知識及技能。

一、示範教學應考慮的因素

㈠ 是否能夠配合教學目標。

㈡ 是否符合成本效益。

㈢ 是否能取得材料。

㈣ 是否有適合的教師空間。

㈤ 教師的能力是否能正確地示範內容。

㈥ 示範完，是否有延伸讓學生練習。

㈦ 是否有效的安排學生參與示範，若沒有助教，宜讓學生參與，輪流擔任助教及值日組。

㈧ 示範時必須輔以清楚的講述，並用問答策略強調重點。

㈨ 提示學生先依教師示範，但未來熟悉後，宜讓學生可以發揮創意，不要照本宣科。

㈩ 示範的過程必須在安全的環境實施，當然如果是廚藝課程，則火源及空氣的流通，也必須留意。也必須留意當教師在示範時，學生的專注程度，學生的出席狀況也須隨時掌握，尤其有時候示範時，學生圍在教師旁邊，教師必須眼觀四方，耳聽八方，確認學生沒有離開教室，皆專心聆聽及觀察。

(十一) 設計學習單或規定筆記，讓學生記錄重點，達到眼到、心到、手到的有效學習。

二、示範教學的步驟

示範教學的步驟參考陳昭雄（1997）及江文雄（2000），整理如圖4-5，含六個步驟：

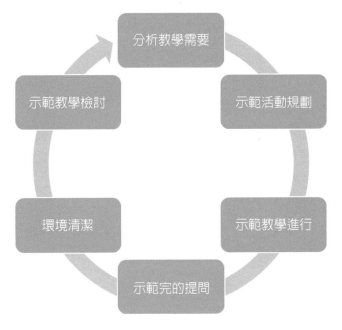

圖4-5　示範教學的流程

㈠ 分析示範教學的需要

包含瞭解學生的背景，所示範的內容是否有充足的設備及空間可以使用、材料費的多寡。

㈡ 示範活動的規劃

依照教學目標，先撰寫教案，構思應準備的材料及設備，安排在課程中的適合時段。例如：若為中餐烹飪課，在學期的第一節及最後一節都不適合示範，大部份的烹飪教室在期初及期末皆有大掃除，這是為了空間整理的需要，若在這個時候仍安排示範課，會有所衝突。

㈢ 示範教學的進行

課前十分鐘務必要確認材料及設備都已整理完備，學生的觀察位置是否可以看清楚。若為廚房課程，一定要要求學生服裝符合專業教室的規範。示範的過程，也應請學生詳細紀錄，隨時筆記是好的習慣（如圖4-6）。是否允許學生用手機拍照或錄影，依每個學校的校規及教師的意向，可先行說明。示範時，必須依學生的理解能力示範，遇到較有難理解的地方，要確認學生完全瞭解，必要時，再示範一次。例如：中式點心課程，學生包小籠包，要如何包好，可能看一次不夠清楚，因此，可以多示範幾個包法，必要時請一位同學上來重複老師的示範動作。又如麵包滾圓時，如何有效率地操作，亦可讓同學看幾次示範。

圖4-6　示範教學進行時學生專注做筆記並配合課程服裝要求整齊

(四) 示範完的提問

　　教師可邊教學邊提問相關的問題，但針對要強調的重點，應該再示範完特別再提問，加深學生的印象。例如：中式點心示範完畢，可以針對剛剛示範的內容，詢問小籠包的皮是哪一種調和麵？皮凍的製作的過程？捍皮時應注意的事項等。

(五) 示範完後的環境清潔

　　教師示範完後要將所有的設備器具清潔完畢，建議全班的同學輪流擔任值日組，協助教師完成，讓學生參與事前準備及事後打掃是課程中的一部份。尤其像中餐烹飪或廚房課程，打掃烹飪區域，可以教導學生協助。在高中並未安排有助教，教師要主導上課流程，若連打掃都自己來，可能很難連續上課，因此，除了督導學生清理各自的工作區域，每次上課安排值日組打掃公共區域是很多教師會採行的策略。

(六) 檢討示範教學過程

　　教師的每次示範，都應回想過程，並自己記錄下應改進之處，作為未來教學改善的建議。

三、示範教學的優、缺點

示範教學法對於專業科目有相當大的效果，學生成效好，但仍然有所限制，以下為其優缺點（江文雄，2000；陳昭雄，1984；張添洲，2010）：

(一) **優點**

1. 提供學生最直接的觀察機會，不用想像。
2. 教學效果良好，可以讓學生完全瞭解教師的教學內容。
3. 個別示範可以提供學生特殊及個別化的學習機會，對於學習較慢的學生，有很好的效果。
4. 結合視覺及聽覺，學生有較高的學習興趣。
5. 學生可以參與學習活動，貼近學習的內容。

(二) **缺點**

1. 需經過事先規劃、準備才可實施。
2. 教師若未具備熟練技術，無法掌握此教學方式。
3. 事先需耗持準備材料，教學空間也必須利於學生觀察。
4. 時間、成本皆較高。

第五章

實習科目教學法

重點
大綱

實習科目教學在職業類科是常見的教學法，通常看重的是技能的教學。在此，我們選三種常見的教學法做介紹。分別為第一節練習教學法、第二節角色扮演教學法、第三節協同教學法及第四節能力本位教學法。

在教授技能時，身為一位教師，應該強調態度重於一切，教師除了教會學生技能，更重要的是教會學生如何做人。因為有了正確的態度，加上好的技能才有意義。

第一節　練習教學法

一、意義及內涵

練習教學法，是以反覆操作及練習使用某些動作、技能、經驗及教材，達到純熟和正確反應的教學方法（周春美，2009）。這些反應，有分為動作上、與心理上的差別。動作方面就是屬於生理上的機械式技能反應，並由這些反應組成特殊的技能習慣；而心理方面在熟稔後，則是反射性的正確心理聯想。

以餐飲科為例，刀工、烹飪技巧、火侯、時機等等這些技法的掌握會全然的影響整體成品的產生。因此，若要把技能統合成自己的節奏，就需要大量的練習與調整。透過練習的過程，理解、認識、注意，最後熟稔，反覆的作業對學習教材既能保有高度的印象、對成果校改修正並調整、最後讓身體完整記憶。

二、在專業科目教學的應用

㈠ 廚藝課程

舉凡中餐烹飪、西餐烹飪或是烘焙實務，都須經過練習後，學生才能精熟各項技能。例如：中餐烹飪的水花片，須花時間，才能切割得好又快。西餐烹飪的西式蛋包，也必須反覆練習，才能煎得好看又好吃。烘焙中的蛋糕打發、奶油裝飾，要能精通也必須多次練習。

㈡ 餐飲外場服務類課程

在餐廳外場的服務，看似簡單，但服務時要如何應對，端盤子時應如何操作？開葡萄酒要如何不失敗，只要是與技能有關的項目，都需要練習。

㈢ 遊程規劃、導覽實務類課程

觀光科中的遊程設計、導覽及解說實務，不僅要具備充分的專業知識，更要多給練習的機會，學生才能熟練，因此，教師必須預留練習時間，讓學生能夠透過練習，確認已精熟。

三、練習法的功能

以上的應用，皆必須透過練習法的教學，因爲練習法有下列的功能：

㈠ 習慣的養成

人類生活中有許多動作是能經由反覆的熟悉，讓身體感官肌肉去熟識並記憶的。當這些能力深化爲自身的習慣，接下來的行爲養成，久而久之就能習慣成自然，變成一套獨特的生理反應。例如：訓練學生安全的拿菜刀切菜，或者是操持托盤的安全方法，都必須透過練習，養成良好及正確的習慣。

㈡ 技能的培養及熟練

技能需要不斷的練習才能順利的培養，就像廚藝精湛的師傅刀工、烹飪技巧、整理檯面都是一連串的記憶動作；蔬果的切雕及何謂餐盤美學的認知；音樂科學生對於指法的技巧與音感；又如調酒師如何順暢調一杯風味絕佳的雞酒，以及咖啡師如何拉出一杯吸引人的拉花藝術。日常各種職業中的許多職業技能都是反覆熟悉技能並加以訓練而成就的。唯有反覆練習、改進、再記憶，達到精熟的地步，技能與知識才能活用自如到達熟練的地步。甚至能把多種習慣與知識融合成一種新型態的技法。

㈢ 知識的累積，觀念的養成

經過認知學習後習得的知識，仍需要反覆練習才不會再忘卻。反覆的練習不但能修正每次成果的錯誤率，更能在反覆的改良與修正間，找到最適合自己的頻率。教師應指導學生多次反覆練習，達到純熟的地步。並且在學生練習間，觀察學生的技法掌握度，適時的給予指導，讓學生更加透徹的領悟，加深並加廣他們的記憶力，使學生勤加熟練，以形成正確的觀念。

當然，在練習舊知識之餘，教師也要適時加入全新的元素，讓學生反覆的領悟，直至知識技法的健全。而且，教師有時適時的點出技巧，使練習達到效果更重要。所以，教師教授技能前，自己也必須專精此項技能，才能擔任適任的技能教師。

四、練習法的步驟

所謂的熟能生巧，也是先由全然不熟悉的新知技能開始發展起，以下是幾個可遵循的步驟。

㈠ 引發學生學習動機

引起學生動機是萬事之始，透過不同的媒材讓學生對知識產生學習動力與興趣是教師的責任。教師可以透過不同的教具與實務引導學生，使學生明白會此項技能的優點。

　　講師應該先行講解所要學習的知識，並在確認學生理解後，帶著他們、或發派作業練習讓他們試做。在教師示範時應該注意：鼓勵學生發問、專業實習的模仿、要注意安全、學生模仿時，教師應注意其表現並加以糾正、打成績、給予評語；若學生做錯，應糾正並再示範正確的操作方法。

　　在學生模仿時應注意：適時的讚美能讓學生獲得正增強，更加強他們學習的意願、練習時間不宜過長、指導學生選擇適當的練習法。而在練習後，更要對學生練習的成品及過程評分，促使學生把握每次練習的機會。

（三）**反覆練習**

　　反覆的練習則是為了讓學生記憶知識、習慣養成及技能熟練。

　　在學生理解知識的步驟與理論後，教師應配合教學進度，讓學生一次次演練，直到知識開始被學生記憶，習慣成自然。在反覆的操作練習中熟稔，讓技能從一開始的認知期、經定位期，到最後的自動期。透過反覆的練習，讓學生深化他們的知識與動作認知，到最後養成自然的習慣。

　　另外，在一開始的教學時，教師可以先詳細的分化知識的學習步驟，接著隨著一次次的反覆訓練簡化；但即使學生到後期已然熟悉整道流程，也要提醒他們反覆練習，直到熟悉蛻變成身體的動作直覺，才算是學成。

圖5-1　咖啡沖煮需透過反覆練習達到熟練

（四）**練習結果評量，鼓勵後續發展**

　　練習過後的成果，應該包含評量是否達到目標，技能的熟練度是否足夠？若學生已達到熟練，亦可鼓勵學生發展出自己的程序，活用各項技能。

五、練習法教學的原則

　　教師運用練習法教學時，有下列幾項原則應該遵守（江文雄，2000；張添洲，2010）：

（一）**慎選練習內容**

　　練習材料要加以選擇，以符合學習目標並可提升學生能力為原則，更重要的是要在學生有興趣下，練習再練習；練習的內容，更要與學生的過去經驗結合，會事半功倍。

㈡ **正確第一，速度第二**

練習要先求正確，再求速度上的效率；例如：學習摺疊口布，學生必須瞭解每個步驟及衛生習慣，精準的摺出各款口布後，接下來，便要求學生在一定的時間內迅速的完成。

㈢ **變化不同的練習步驟**

練習的方法要多加變化，才能維持學生的學習興趣，例如：烹飪課程，每次練習時，讓同學練習不同崗位，有時擔任主廚、有時擔任助廚，除了練習的內容有所變化之外，也讓學生有角色扮演的機會，若輪到學生擔任主廚，學生的成就感就可提升，而引發更高的興趣。

㈣ **有效率的練習步驟**

教師應以經濟的練習手續來教導學生，練習的步驟，亦應由簡單再到複雜。例如：中式餐飲服務的分魚服務，如何讓學生在最短的時間，將魚分好，呈現給客人食用，這是需要事先規劃的，可以先分解步驟，再進階到完整的步驟。

㈤ **照顧學生的個別需求**

練習時要顧及學生個別差異，不同的基礎的學生，要能被照顧到其需求；例如：國中技藝班已有餐飲底子的學生，其在餐飲專業課程，若練習時，一樣被要求與其他同學達到同樣的成果，其學習容易失去興趣；相對的如觀光科的同學，語言程度不一，在上英語會話課時的練習，要給表現較好的學生，更有挑戰的練習內容，否則學生容易在課堂上分心，有時候甚至引響其他學生的練習。

㈥ **延伸練習內容**

練習後要延伸應用所學到的技能，加深記憶；例如：學生學會餐桌擺設及每個服務的步驟，在學期中或學期末，可設計小型的餐廳服務模擬，使學生有機會將所有步驟串聯起來，加深記憶。

㈦ **隨時指導學生**

在學生練習時，教師要善加指導的本職，糾正學生的錯誤，或者表揚做得好的學生，使學生的學習不會產生錯誤的習慣。例如：在咖啡拉花練習中，對學生手勢的指導及糾正，可有效的縮短學生學習的時間。

第二節　角色扮演教學法

一、角色扮演教學法的意義

　　角色扮演教學法是一種設身處地的歷程。透過角色扮演，學生能把自己放在不同的位置，透過他人的眼光來看待世界。不同的角色即使是經歷同樣的事件，也會有不一樣的定義。因此，唯有讓學生設身處地，才能更深刻的影響並刺激他們對事情的看法。不同的看法也會改變他們處理事情的方法。

二、適合角色扮演法的科目

　　那麼，什麼科目適合角色扮演法呢？

　　其實，只要是能讓學生從角色的體驗，熟悉各種情形的科目或單元，都適合。在餐旅群中，最適合用在餐服技術的訓練、或者顧客抱怨的處理。這些情境都可以使用角色扮演法，來加強學生面對不同事件的應變能力。

三、角色扮演法的優點及功能

　　根據江文雄（2000）及張添洲（2010）的整理，角色扮演法有下列幾項其他教學法沒有的優點：

　㈠ 適合不同程度的學生同時學習。
　㈡ 可以適用於廣泛的各類課程。
　㈢ 指引學生個人認知、情意領域及身體動作方面的發展。
　㈣ 可以提高學生參與的層次。
　㈤ 可以使學生從戲劇的參與，延伸到真實生活的體會。
　㈥ 展現生動的肢體語言。
　㈦ 訓練學生以眼神、面部表情和肢體動作，配合口語傳達意義。
　㈧ 提供社會組織的模擬，得以探索學生的才能。
　㈨ 可以培養團隊精神，並且發展學生主動性。
　㈩ 允許學生有相當程度的創造性及探索性的活動。

四、角色扮演法的缺點及限制

　　除了優點，角色扮演法亦有其缺點存在，教師在運用時，應避免這些缺點的發生（江文雄，2000；張添洲，2010）。

　㈠ 師生要充足的準備，才能使扮演得到應有的效果。
　㈡ 扮演活動必須具有高度的真實感，才可達成教學的效果，否則會成為一種遊戲而已。

㈢ 在扮演活動中，觀眾可能會批評或表現不同的態度。

㈣ 有些扮演活動的相關知識超過教師所知，無法給予適合的指導。

㈤ 內向的學生不容易在演出時配合得恰到好處。

㈥ 思緒反應較不迅速的扮演者，可能會因遲緩而影響效果。

㈦ 學生必須配合蒐集資料，計畫腳本，準備道具及排練。

五、角色扮演教學範例

㈠ 演練題目

以下以餐服技術，處理顧客抱怨的單元為例，呈現角色扮演法的教學步驟。

實 際 演 練			
主題	顧客抱怨	角色	服務人員1人，主廚1人，經理1人
場景	西餐廳長桌	客人	老婦1人，小孩1人，父母2人
條件	一客人中隨機：吃素者1人，吃蝦過敏者1人		
抱怨議題	素菜冷了、幼兒無防破餐盤、主餐中有蝦		

㈡ 角色扮演步驟

1. 挑選適合的角色扮演者。

根據人數，選擇七位扮演者上臺示範。

2. 扮演前給予腳本或者先討論扮演的重點。

先選定吃素者、吃蝦者各為哪位客人扮演。

3. 準備角色表演道具及角色卡。

隨機或自願式的分配學生所扮演的角色，以及角色需要的道具。角色挑選好後，戴上象徵身份的角色卡，例如：字卡或者角色的代表衣物，使角色扮演的真實度提高。

4. 扮演完畢後，與所有同學討論過程的對錯。

請學生討論餐廳的應對是否得體，客人是否得到滿意，雙方是否雙贏；若是讓學生討論剛剛的角色扮演中不盡人意的地方，與應注意而未注意的細節。

5. 給予扮演者鼓勵及回饋。

除了提出應改善並注意的細節，教師也要適當的讚美學生或是給予學生相應的加分、小禮物等獎勵，讓學生獲得正向的增強，提高下次學生參與的意願。

6.將扮演的教學重點，例如服務流程及抱怨處理技巧的對與錯，澄清並強調正確的處理方式。

7.討論過後，若有充裕時間，可以挑選不同人演同一劇本，亦可轉換不同情況，讓學生練習如何應對進退。

㈢ **角色扮演教學照片**

圖5-2　角色扮演一：餐廳外場服務練習

圖5-3　角色扮演二：餐廳外場服務練習

第三節　協同教學法

一、協同教學法的意義

協同教學法是一種團隊合作的教學方法。由不同領域專業人士與教學人員組成教學團隊，共同計畫、施教和評鑑的教學方法。團隊的成員不只有教師，還包含學校的行政人員等等。透過團隊的合作，發揮每位專業人士的特長。畢竟，每個職業都有專精其領域的人士，不一定是教師，有時唯有專業的技職人員才能傳達一些完整的經驗。團隊須共同策劃教學目標，攜手合作，以利教學活動的進行。

協同教學法的基本原則是教師必須任教他們所擅長的學科或從事他們熟悉擅長的工作。

一般教學模式和協同教學法比起，較為傳統封閉，協同教學法較鮮活，除了讓教師分門別類的講授其所擅長的地方，組成教學團隊合作外，一般也會輪流採取三種不同的教學型態，以利學生學習的效率：

㈠ 講演型態

通常要進行演講，講者須精通某一學科，且表達能力佳，擅長吸引觀眾注意，讓講題生動有趣、淺顯易懂。演講時，可以集合多個班級的學生共同參與，算是大班制的一種教學方式。學生數可達一百至三百人以上。適合引起學生教學動機及表演示範，因為是大班制的關係，可以有效運用時間、人力及設備，是一種比較經濟的方式。教學時間約占總教學時數的40%以上。

㈡ 分組討論型態

演講後，教師應安排小組討論，延續演講時所學習到的內容重點，研討所聽之內容。每個小組宜配一名指導教師，並對其演講講題教材有一定程度的瞭解，負責帶動小組討論氣氛，並導正小組討論方向，以利研討順利進行。一個小組人數以不超過十五人為限，時間則以不超過受總時間的20%為主。主要是讓學生思考、討論及發表意見。

㈢ 個別研究及學習

小組討論後，仍須指導學生繼續個別的研究與學習。為適應學生的個別差異，應保留約40%的時間，讓學生有個別學習的機會。學生可以有效運用這段時間更加深入的探討小組討論時未能解決的議題，或是透過個別作業來瞭解學生對整體教學的吸收程度，並從學生給予的回饋中，為下次的演講主題與討論做準備。可以培養學生獨立自主學習及獨立創造的精神。

㈣ 組成教學團

　　協同教學的特點就是教師依據各自的專業，組成一個教學團隊，負責不同領域或專業知識的教學。教學團的組成其實非常多樣性，不只是學校的專業教師，只要有其一技之長並十分熟稔自身專業的人士，都能成為教學團隊的一員。舉凡教師、實習教師、家長、業界人士、社區人士、技術從業人員等，只要有其專業知識，都有可能成為教學團的一員。

二、協同教學法的特點及功能

　　根據江文雄（2000）及張添洲（2010），協同教學有下列特點及功能：

㈠ 教學型態多樣，適合個體差異

　　每個學生都有其獨特的學習特質，教師也有其個別專精的專業知識，協同教學能合併運用社會化和個別化的教學方式，互助合作，時而分組討論，時而特別學習，如此多樣性的教學型態，能更加適應個體間的差異性。

㈡ 先統整再分化的教學原則

　　學習原理講求的便是先統整概括性概念後，再逐一分化的教學原則。協同教學法的三種學習方式，由大班演講、到小組討論、最後回歸個別作業的方式，便完美的符合了此學習原理。

㈢ 變化學習方式，改進教學型態

　　協同教學法是十分彈性的一種教學方法。教室的編組、教學方式、上課時間基本上均為非固定，可以為了課程設計隨意調整；此外，除了常用的三種課程型態，學生的學習方式也很多元。用耳去聽、用眼去看、用心思考，不同的課程就需要不同的學習方式，因此也會產生不同的影響。

㈣ 有效運用校內資源及教學設備

　　每個老師都有其自身熟悉的知識；相對的，也會有比較慣用的教具與教學模式。協同教學法和一般傳統教學法的其中一個差異，便是每個老師都有其擅長與不擅長的，因此學生有更多的機會接觸不一樣的教材與教具，讓學生有更多機會充分利用校內資源與教學設備。

㈤ 展現團隊精神

　　協同教學法組的是一個教學團隊，因此每位老師都應相互配合、適應，唯有教學團隊成員彼此合力攜手、有默契的教學，才能讓學生有最良好的學習成效。

㈥ 提供學生較多的指導

　　在協同教學法裡，一個學生在學習時接受過不只一個老師的教導。因

此，學生學習的知識方向較不單一，對於指導老師的選擇也有更高的多樣性。若教師與學生雙方面的搭配度高，也能有效增進師生情誼。

(七) **培養學生團隊合作的精神**

傳統的教學法因較看重學生個別的學習，往往忽略了學生情意方面的認知與社會群體性。協同教學法因教學模式較為活化，也時常進行分組討論，因此比傳統教學法更能兼顧學生個性與群性的發展。

三、協同教學法的實施

一旦決定運用協同教學策略來教學，除了行政單位、教學設備的協調之外，教師尚注意下列幾個步驟，使協同教學順利實施（陳昭雄，1984；楊朝祥，1984；張添洲，2010；李明崇，2001）：

(一) **教學目標訂定**

針對教師與學生間的個別差異，重新擬定不同的教學目標，是協同教學中重要的一環。教學目標應由所有協同教師合作訂立。

(二) **教學團成立**

由不同專長的教師組成的教學團隊。成立方式一般有三種型式，分別為金字塔式、拼盤式、楔型餅式。目前在高中職的情形，多為拼盤式的組合，即同一領域的老師，以不同專長共同組合及分工教學。例如：飲料與調酒課，一人負責教授非酒精性飲料課程，一人負責教授酒精性飲料課程。

(三) **學生個別差異的瞭解**

尊重學生的個別差異，並針對這樣的不同性，設計符合學生需求的教學目標。

(四) **學習教材研討**

不只侷限於教科書，多多活用多媒體教材、補充資料、圖片、電腦輔助軟體等。教學團隊應深入討論教材的選用與用途。

(五) **教學空間的決定及安排**

教學空間的選定應視課程需要而做適性的調整，並以滿足：1.空間可擴大；2.空間可改變；3.空間多用途；4.空間可變形等原則。

(六) **教學評鑑**

評鑑工作應由教學團共同進行。主要評鑑項目有學生的學習效果、上課氛圍與討論成果內容優劣、教材與教室空間是否有妥善使用。

四、協同教學法的優缺點

參考陳昭雄（1984）及張添洲（2010）的觀點，協同教學的優缺點整理如下：

㈠ 優點

1. 協同教學的教師均由有專長及技術熟練的人員擔任，學習成效好。
2. 教師可以從精熟者身上學到技巧。
3. 允許非專業教師加入，增加教學的深度及廣度。
4. 有效運用視聽媒體設備。
5. 分工合作，每位教師都能發揮功能。
6. 學生分組，適才適性。
7. 提高興趣。
8. 教師是輔導的立場，學生可以自行解決問題。
9. 彈性教學計畫，可適應學生不同能力需求。
10. 學生的領導能力及人際關係經驗增加。

㈡ 缺點

1. 教學團成員的組成不易。
2. 傳統的學校建築，空間限制較難滿足協同教學彈性特色需求。
3. 學校的定型行政組織及排課時間無法配合。
4. 傳統的教學無考量協同教學模式，老師鐘點的配置以及給分的方式較難取得行政認同。

第四節　能力本位教學法

一、能力本位教學法三要素

能力本位教學法是一種培養學生達到預定能力的教育系統。此教學法重視並強調預先安排活動與學生實踐效果，目標是讓學生透過安排好的教學日程達到精通該活動的水準。能力本位法其實就是一種教學明確化的教學方式。能力本位教學法包含三個要素，分別敘述如下：

㈠ 清楚的教學目標

能力本位教學通常都先經過各界專業人士共同研究並設立出一套明確的流程與教學目標，讓學生能按部就班地照著安排學習課程，並讓所學達到一定的水準與獲得一定程度的能力。學生在一開始就明白教師所要求的目標，

教師也明白該如何教學、該教什麼課程，在雙方都理解共同目的與目標的形式下，努力完成的教學法。例如：廚藝的練習，中餐烹飪丙級的訓練。

(二) **落實學生的學習**

每個學生都有個別的差異，因此，教師應依據每個學生的不同之處，安排教學並調整教學方法，以達到教學目標為原則。例如：考取中餐丙級證照為教學目標。

(三) **標準化的評鑑**

使用有效標示的評鑑法來評鑑學生的學習效果，並依據效果來更改調整為學生安排的學習活動。能力本位教學法的特色就是評鑑方法標準化，然而許多情意領域方面的知識是無法量化並以數據參考的，因此有許多教育學者及專家認為此種教學法會漸漸地因為其不合適之處而從職業教育界中消失。除非能加以調整，將態度及情意方面的能本指標化，以達到確實地訓練學生達成目標。例如：以通過中餐丙級檢定為目標的教學法無法達成中餐烹飪這門課的所有目標，尤其是知識面及情意面的目標。換句話說，只強調技能訓練，通過中餐丙級檢定，不代表學生可以成為一名可勝任並執業的廚師，教師在訂立科目目標時，應特別留意此點。

二、能力本位教學法的重點

能力本位教育很重視教學績效和學生的個別差異。教學活動時常透過評鑑來檢視學習的效果，重視教學的績效，為的是提升學生的競爭優勢及教育品質，希望學生能精通該技能知識並熟習之。如果學生專精某項知識，便會往下一步邁進，有計畫並循序漸進。此種教學方法不在乎群體學習的進度統一，不須和同學同進同退，浪費時間重複學習，而是依照個人進度或快或慢的前進。

三、能力本位教學法的實施步驟

依據楊朝祥（1984）及張添洲（2010）的論述，能力本位的教學，應包含下列的步驟，整理如圖5-4：

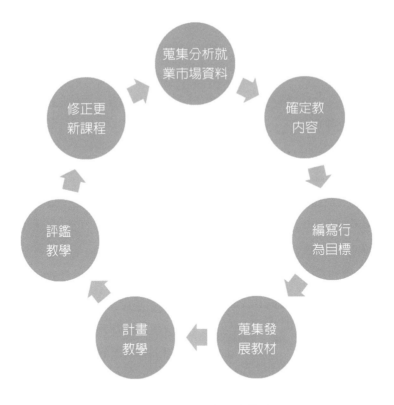

圖5-4　能力本位的教學實施步驟

㈠ 蒐集、分析就業市場資料

能力本位教學法，顧名思義就是以能力為主，作為教學課綱的主軸，訓練學生所需要的技能與知識，因此，在安排學習活動前，分析與蒐集市場資料就顯得很重要。透過這些分析，為學生安排最良好的出路，以免浪費時間學習不需要的知識。之後，教師會依據該行業所需人才的資料，進行行業分析（job analysis, work analysis, task analysis, occupation analysis），以便瞭解該職業所需之工作內容及應具備的技能有哪些、需要什麼服務或學習態度等等。

㈡ 確定教學內容

為求讓學生專精該行業所需的技能知識，教師應審慎選擇學生的教學內容，並依據對該職業所蒐集的資料分析安排，為學生計畫一份最有效率、最能理解職業知識技能的教案。

㈢ 編寫行為目標

教學的內容大綱一旦確定，學生的學習就必須目標化，教學計畫的一切編寫，都是為了讓學生更熟悉知識的應用、更有效率的達到評鑑之標準。其目標的編寫，包含學生學習結束後行為應有何改變、學生在各情境應達到何種反應和每項行動所接受的最低評鑑標準為何。

㈣ **蒐集或發展教材**

只要能讓教學活動更適合學生，更能讓學生吸收，教師應蒐集或自行編寫教材以提供教學使用。包含教科書、講義、學習單、視聽教材、手作教具等。

㈤ **計畫教學**

能力本位教學因為重視精緻化的教學，因此都是講求個別化的學習模式。教師需要為每位學生擬定完整的教學計畫，以學生為中心，創造出只適合該學生的最佳學習方式。不過雖說是個人化的教學模式，教師的責任仍如同一般教學法，需負擔教學、解決問題和輔助教學等工作。

㈥ **評鑑教學**

評鑑工作是能力本位教學法極重要的一環。透過評鑑，教師將依據結果對學生的教學活動做出適度的修正，以此來決定學生能否完成所訂之目標。

㈦ **修正、更新課程**

除了視學生個人學習情況對課程進行更新外，許多行業需要的技能與知識也是與時俱進的。因此教師在教學之餘，仍需時刻注意行業技能的更新與變動，以便儘早改變教學內容，跟上技術的革新。

四、能力本位教學法的特點

根據張添洲（2010）提出的觀點，能力本位教學有下列四項特點：

㈠ **學習成果重於學習所花時間**

每個學生的學習能力都不一，因為此教學法重視個人化的學習，因此在對教學的要求上，所學目標比學習效率重要許多。

㈡ **評鑑的標準化**

評量標準皆為相同，因此對每位學生而言，重要的只有能力的培養是否達到所要求之目標。能力本位教學法是重視學習成果大於學習效率的教學方法，因此只要學生通過考試，就如通過工廠的品質檢驗一樣，素質齊一。

㈢ **學習目標與時俱進**

科技日新月異，行業的知識與技能更迭的速率也越來越進步，因此教師應隨時注意學生應學習的能力內容和目標，並隨著環境的變化而改變，讓學習內容可以跟上時代的潮流，與時俱進。

㈣ **提供多種的學習途徑，學生可以選擇適合自我的學習方式**

只要目標正確，學習的方式可以很多元。教師應配合每位學生學習的習慣，給予不同的進度與指導，因材施教。所有的學習都是為了達到為學生所訂定的標準。

圖5-5　餐廳服務訓練強調能力本位練習

圖5-6　蔬果切雕訓練強調能力本位練習

第六章

情意領域教學法

重點
大綱

第一節　問答法

一、問答法的定義及內涵

　　問答法常被運用在教學上。許多教師在講述或示範時，爲達到雙向溝通的目的，常會向學生提出問題，刺激學生思考，確認學生是否已完全瞭解。當整個教學過程都以問答爲主體，以達成學習的目標，則可稱爲問答教學法。

　　問答法最主要的目標，在於培養學生的思考能力，增進學習的類化作用。問答法的好處在於，學生在試著回答問題時，會在腦內做全面性的思考，一方面是活化腦部活動，同時還能讓他們透過在腦內尋找答案的過程，複習到舊日所學的知識，並靈活運用之。透過此法，學生也能從過程學習到組織化自身回答的能力。

二、問答法的種類及層次

　　問答法依據教學目標、目的不同、採用的時機點差異，也有著不同的分類。

　　教授性的問答法爲問答法中最重要的模式之一，由蘇格拉底創始的問答模式，即以誘導式的發問，啓蒙學生的哲學思想，以達到教育者的目的；反覆地用問答讓學生回想起過往所學的問答法爲複習性問答法，時常用於類化相似的知識，讓學生舉一反三；試驗性的問答法則是透過問題，考察學生的先備知識與程度，以決定教學的方向，也用於讓學生透過此法檢視自身所學的吸收度，並完成複習。教師也能透過此種辦法檢視自己的教學績效。美國教育學者桑德士（N. M. Sanders）依據布魯姆的認知性教育目標將問題分成六類（張世忠，1999）：(1)記憶性；(2)理解性；(3)應用性；(4)分析性；(5)綜合性；(6)評鑑性等六類問題。除了記憶性外，其他類別都屬於高層次的問題。教師們在提出問題時，應盡可能的向學生提出不同層次的問題。

　　以下舉例各類問題在各個科目應用的範例：

㈠ 記憶性問題

　　單純的記憶性知識的問法。例如：「餐旅概論」：臺灣第一座國家公園是？「飲料與調酒」：六大基酒有哪些？「中餐烹飪」：麻婆豆腐屬於哪一個菜系？

㈡ 理解性問題

　　理解性的問題有固定的答案，但教師也允許學生可以有其他答案的可

能，才能鼓勵學生思考。例如：「飲料與調酒」：為什麼紅茶的咖啡因比綠茶低？「餐服技術」：為什麼服務酒水的時候，要從客人的右邊服務？

(三) 應用性問題

當累積一定的知識時，可以鼓勵學生有多元及創新的想法時，可以提出應用性的問題，這類的問題並沒有標準答案。例如：「餐飲管理」：若你是餐廳的老闆，一例一休時，你會如何幫員工排班，可以節省成本，又不違反勞基法？「遊程規劃」：如果有日本友人來臺三天二夜，你會如何為他安排行程。

(四) 分析性問題

除了需應用現有的知識，還需花時間思考、分析或組織，才能得到答案的問題。例如：「遊程設計」：若要安排日本友人從臺北至高雄旅遊，又要經濟並在三天中去到三個以上景點，請問交通如何安排比較好？「餐服技術」：當客人有一百人，同時用餐，哪一種服務方式會比較有效率？

(五) 綜合性問題

根據現有的知識及上課提供的素材，讓學生思考如何統整及綜合應用。例如：「烘焙實務」：在三小時內，要完成三十人份點心製作，應該設計什麼樣的產品？「客房實務」：房間的訂價策略，不同時間，應如何設計收費標準？

(六) 評鑑性問題

要求學生選擇一個價值標準，針對所提的問題作出選擇。例如：「餐飲管理」：對於吃到飽餐廳的服務流程及供餐方式，請評估其優缺點？「旅遊實務」：請問在旅行團的操作中，領隊向客人收取小費的必要性？

三、有效的發問技巧

教師在教學時若不擅長發問，將會影響教學的功能。反之，教師若提問得好，則可以使學生的學習成果提升。以下為有效的發問技巧（張世忠，1999；張添洲，2010）：

(一) 講解內容後，再提問

教師提問的最大目的，是提醒同學講課內容的重點，加強印象，並且引導思考。因此，教師提問應是強調課程內容的重點。

(二) 問題應事先設計與課程內容相關

問答教學法，貴於事先設計，所提問的問題，應與課程內容息息相關，如同前述，問題應先行設計，包含各種層次的問題種類，不是只問記憶型的

問題，也應有再解、應用、分析、評鑑類的問題。至於百分比的分配，可以依照課程目標來設計。

(三) 態度自然隨和

教師發問時的態度，除了影響教學的氣氛，也容易影響學生。教師發問時態度平和帶點鼓勵，能讓學生較從容不迫的答題；若是教師發問時刻意刁難或是態度不佳，學生則容易緊張，回答意願低。

(四) 先發問再點人

許多教師時常先指定學生，這容易讓學生感到被針對、或是戰戰兢兢的感覺。因此，先發問後指名，較能讓學生有心理準備。指名學生回答時，態度也應公平，讓每個學生都有被叫到的機會，而不會產生教師不公的心態。

指名時也不能有特定順序，以免不在順序內的學生容易不專注，喪失注意力。

(五) 留下思考時間

學生在毫無預警時被點名，容易緊張，教師應視問題的難易度，給予學生思考的時間。且較高層次的問題，須組織再思考，因此至少要有三秒鐘以上的等候問答時間。

(六) 不重複問題

將不重複問題列為上課時的規則，能讓學生更加認真的聽講，也能節省時間。但若發現學生完全無法回答問題，則宜適時的重複問題。尤其是較高層次的問題，必要時得輔以板書或在簡報中呈現。

(七) 向不注意者發問

若有學生在上課時分神，向其提問也是一種教學方式。能將學生的注意力拉回，並降低下次再分心的可能性。

(八) 注意傾聽，複述答語

有些學生在緊張時聲量容易變小，教師應耐心的等待學生並專心聆聽其回答。必要時能向全班複述學生的回答，確定全班都有聽見解答。

(九) 補充答案

學生在回答問題時若有所缺漏，教師可以允許其他學生代為補充，或親自解釋。

(十) 認真審慎面對學生的問題

教師應鼓勵學生向教師提問，允許學生提出對教學內容的質疑。若是遇見答不上的題目時，教師可以先讓其他學生試著回答，或是將問題內容作為回家作業或下次上課時的課題，千萬不能勉強回答，以免回答錯誤觀念，誤

導學生。

(土) 讚美答對的學生，寬容的面對答錯的學生

問答教學法旨在讓學多加思考，學生無論答對與答錯，都已達到思考的目的。教師在此前提下，讚美答對的學生，使學生更加樂意作答；而針對答錯的學生也應給予機會再思考，找到正確答案，上課的氣氛會較融洽，有助於同學的學習。

(土) 給予位學生公平作答的機會，鼓勵每位參與作答

問答教學法，意圖用問答來促使學習，因此，學生應有公平作答的機會，勿重複讓同一位學生反複作答，否則久而久之，學生會認為回答問題是某些學生的責任，自己只當個旁觀者。而為了鼓勵學生作答，課堂分組小競賽、加分、給予小禮物都是常見的策略。禮物勿花費太多成本，而且，勿每次給禮物，最好是以累積的，到期末再頒發，例如：每次作答以代幣、加分券、貼紙讓學生蒐集，期末累積記分，並給予前幾名的學生小禮物，勿超過一百元為原則。

第二節　討論教學法

討論教學法是最能表現出師生雙向互動的教學法。在班級團體情境中採取討論教學法，常以分成許多小組或小團體的方式來進行，故常被稱為小組討論法或團體教學法。一般而言，討論法會和其他教學形式交互使用。

討論法與講述法的差異在於講述法是教師單方面的將知識灌輸予學生；在討論法中，教師則是扮演統整的角色。由學生提出各組的觀點，並加以討論交換意見，最後由教師做出結論。

一、討論教學法的功用

討論教學法有助於雙向的溝通，特別是能夠協助學生建立正確的觀念。根據學者們的看法，討論法具有下列的功用（江文雄，2000；黃政傑，1996；陳昭雄，1997；張世忠，1999）：

(一) 鼓勵學生主動參與，並可有發表練習的機會。

(二) 討論的過程協助學生建立積極正確的態度。

(三) 討論的過程，使師生有機會互相瞭解。

(四) 討論的人數多寡，不會有限制。

(五) 場地不設限。

(六) 討論法可使學生分享想法，養成接納不同意見的機會。

（七）討論法可培養學生議事的能力。

（八）學生的表達能力及溝通技巧可透過討論法進步。

（九）養成學生思辯及判斷力；從討論過程中察覺自己的潛在想法，若有偏見，得以從中修正。

（十）使學生將所學應用在實際問題上，並同時可學會蒐集資料及運用資料的方法。

二、討論教學法的種類

討論教學法的種類，依照教師想達成的目標及課程時間的規劃，有許多型式。以下介紹幾種常見的方式（陳昭雄，1997；江文雄，2000）：

（一）**分組討論**（Group Discussion）

最常見的班級課程討論方式。將小學生分成若干組，依老師講解的主題，分別討論及記錄，老師主持，在討論後將小組意發表及形成共識。

（二）**聯席討論**（Panel Discussion）

選出代表學生，蒐集資料後發表、討論，教師主持，在代表學生討論完後再與全體學生討論。

（三）**論壇式討論**（Symposium）

邀請數位專家先演講，再分組討論，學生可向專家提出問題。

（四）**辯論式討論**（Debating Discussion）

選擇一個主題，以正反兩面探討問題的答案。例如：學校是否應該辦理畢業旅行？讓學生練習思考，若持正向或反向意見，應如何有效的說服他人接受自己的看法。

（五）**集會式討論**（Forum）

以大型集會的方式集合聽眾，以聯席團演講，所有參與者皆可發問，但因為未先蒐集資料，有可能聽眾的問題會過於發散。

（六）**諮議式討論**（Colloguium）

選擇一小組有專門知識的人當代表，再選擇一小組聽眾代表，兩組人員代表討論後，再由參與者自由發問及討論。

三、討論教學法的步驟

討論教學法是一種為了達成教學目標的有系統、有組織、有計畫的方法，過程中容許多樣化的溝通方式，且是一種團體性的活動。以下整理幾位學者的看法，描述討論教學法的步驟（江文雄，2000；張世忠，1999；張添

洲，2010；陳昭雄，1997）：

(一) 教學準備

討論教學的成功與否，在於參與討論者是否有討論主題的相關背景知識，是否蒐集相關資料並閱讀，預先加以思考。教師應事先決定希望討論之方向，並指定學生閱讀指定教材，能讓他們具備先備知識，在討論時才能事半功倍，切合主題。而在準備時，世應將議程同時告知學生，讓學生知道討論流程。

(二) 引起動機

在討論前，教師應先引起學生對主題的興趣。若學生對討論題目無感，則討論時很容易冷場。

(三) 選擇討論的型態

討論教學法又可分為全班討論與分組討論。因此，教師可以在引起動機時，先替學生進行分組，並且提供他們一些討論方向。討論能否成功，主席的領導也很重要。全班討論時，教師可以選定學生做主席、記錄等，也可以由教師親自主持；小組討論時，教師應列分工清單，並請各小組分派工作，每位成員都需有各自的職位，例如記錄、報告者、主席、場控等等。

(四) 實際進行討論

此指正式或非正式的小組討論，通常為學生最感興趣之階段。小組討論時是學生最自在的時刻，討論內容也比較鮮活，建議教師可以在教室隨意走動，在旁默默聆聽各組的討論內容。若是看見哪一小組明顯冷場或氣氛太過熱烈，教師應上前詢問討論進度場控，適時的給予討論方向上的建議與歸納學生的意見。若學生已得出結論，教師也能再拋出較深刻的問題，供學生繼續探討。

(五) 小組報告與總結

一場好的討論，應有頭有尾。相同的主題，不同的學生成員組成也能導出不同的看法與理論。教師應請各小組推派組員上臺報告，並給予各小組評語和指正，讓小組下次進行討論時，能讓討論內容更臻完整。

在小組報告結束後，教師應做全體的總結，發表自身的看法，並適當的鼓勵學生的表現，讓學生更喜歡這種腦力激盪式的學習，也能習慣上臺發表意見的感覺，訓練其臺風的穩健。

四、討論教學法的要領

㈠ 安排適當場所及座位

討論法的特色之一是各成員的意見能夠獲得溝通和表達，教師在選擇討論場所和安排座位上，要考慮到能使各成員有充分的交互作用，較適合「面對面」溝通的是圓形或半圓形的座位。

㈡ 有技巧地提問

1. 問題的提出應以全體參與討論的學生為對象。

2. 在某位學生發表意見後，可再指定某位學生加以評論或表示意見，以增加學生的參與討論。

3. 主持人儘量少說話，把發言機會讓給其他參與討論的人。

㈢ 避免偏離討論會的主題

若討論偏離主題時，主持人可以提出一個與主題直接相關的問題來使討論會回到中心議題上。

㈣ 強調討論規則及禮貌

發言時，應互相尊重，保持一定的禮貌，無論是口氣、用詞、目光，都應充分表現出來，才能有良好的人際關係。

㈤ 有效制止爭議

強調每個人的意見都應尊重，若學生在細節上有所爭議，若對大方向沒有影響，主持人必須馬上決定跳過此小議題，針對主題討論。

五、討論法的優點

運用討論法，有許多優點，羅列如下（江文雄，2000；陳昭雄，1997；張添洲，2010）：

㈠ 激發學生興趣，培養學生發表的能力。

㈡ 培養學生分享的習慣，以及合作的精神。

㈢ 培養學生批判的能力，對知識及觀念不會全盤接受，會經過思考再反雛。

㈣ 促進學生主動學習的興趣，學生可培養積極進取的態度。

㈤ 培養學生自學的能力，知道如何蒐集資料及分析資訊。

㈥ 學生的溝通能力得以增加，並且樂於把自己的想法告訴他人。

㈦ 場地佈置及設備可以有效利用，不會受限。

六、討論法的缺點

討論法也有缺點，但多半可透過技術性的克服而避免，若教師運用得宜，應可避免這些缺點（江文雄，2000；陳昭雄，1997；張添洲，2010）：

㈠ 人數過多時，會影響討論的效果。

㈡ 討論教學會花費較多時間，影響進度。

㈢ 討論教學法，有可能無法使每位學生都能得獲益。

㈣ 某些討論者的不合作，或其他環境因素，如聲音、溫度、高度等都會影響討論的效果。

㈤ 如果教師缺乏主持討論的經驗，或討論前缺乏詳細計劃，則難以達成討論的教學效果。

㈥ 沒有充裕的時間或適當的場地可供討論。

㈦ 教師未具熟練的發問及討論技巧，會影響討論效果，甚至誤導觀念。

㈧ 教室氣氛不夠開放、自由，學生未具發問、傾聽及討論技巧。

第三節　價值澄清法（價值教學法）

一、意義及內涵

價值教學法是一種幫助學生建立自我價值觀的教學方式。在所有知識面前，最重要的不是如何背誦或實習理論，而是一種對知識的感受性，把文字或技能內化為自己的語言，並建立自身的價值觀。而價值教學法，就是一種培養學生能把重要事務作為個人價值的教學方式。但要注意的是，此教學法並不是要灌輸學生某些價值觀，而是讓學生自行去培養出自己對價值的看法。

二、價值教學法的原則

價值觀的培養，一直都是一種很主觀的自我選擇，它涉及個人對事物的獨特看法與個人情感，唯有讓學生感同身受，才能讓學生瞭解該價值觀的存在意義並認同之。因此，價值教學法的原則是要幫助學生瞭解自身的期望與情感，並建立屬於他們自身的道德觀與價值看法。

價值教學法須遵守以下應用的原則（周春美，2009）：

㈠ 由學生自行進行選擇程序：依照自由、多種機會、明智選擇的前題，來對事物做出判斷的價值。

㈡ 重視個人的選擇，為自己的選擇負責。

㈢ 把價值表現於生活，使價值成為自己生命的一部份。

㈣ 注重價值的發展，而非單純的接受價值：沒有不變的價值，隨著時空，價值或許會改變，必須透過不斷的澄清，來確定自己的價值觀念，進行明智的選擇。

㈤ 價值教學不僅是澄清價值，尚須指導學生按價值建立的過程和德育的層次，發展自己的價值系統，樹立榜樣及提供標準也是重要的方法。

三、價值教學法的策略

發展價值教學的策略，使學生發展和建立一套思考體系，有條理的去做各種價值判斷，擁有自己的價值觀是相當重要的。根據李緒武（1997）及張添洲（2010），其發展的步驟如下：

㈠ 提出問題

例如：針對餐飲管理，可以詢問，在餐廳每天剩下的食物，若是直接丟掉很可惜，如何運用，來使之有大的效益？

㈡ 蒐集資料，討論觀點

例如：承接上題，學生可能提出很多方案，如：送到老人院、發給員工……等方案，此時，教師應給予時間，蒐集資料，瞭解方案是否可行。

㈢ 討論及評估所有解決問題的方法

當每個方案已產生，學生應討論每個方案的可行性，並且比較方案的優缺，這個過程中，學生可能已有哪個方案較優，哪個方案較不可行的答案產生。

㈣ 從正反兩方檢討每一個解決方式可能產生的後果

請學生把每個方案的正面結果列出，但也同時列出反面結果。例如：學生提出將食物送到老人院。正面的結果是，老人院的老人會很開心，每天有不同的菜色，但負面結果可能會是，有些食物，老人可能無法咀嚼，造成食物第二次浪費。而這種正反面結果，不是只有一個答案而已，當正面結果多於負面結果，而負面結果又可輕易解決時，價值的選擇就呼之欲出。

㈤ 作抉擇，並證明選擇為正確

當價值已澄清，那麼抉擇就很容易。

㈥ 依據自我選擇採取行動

抉擇既然已出來，若是餐廳老闆，或是學校的營養午餐剩菜，就可以依抉擇來行動。

(七) 重複實行，成為自己的生活型態

依照自己的選擇，成為自己日常生活的信念及價值觀，學生便不會浪費食物，或對剩下的食物會常思考如何去應用。例如：吃營養午餐時，若當天的水果暫時吃不下，也不會丟掉，而是會留著，帶回家或下午較餓時再吃。

四、價值澄清方法的題材種類

根據張添洲（2010），價值澄清選擇題材有三個原則，而這三個原則，也點出了價值澄清的題材類別：

(一) 選擇與個人相關的題材

例如：選擇職業的價值，興趣優先還是生活維持優先？題目的內容，與學生息息相關，學生才會有興趣積極參與。

(二) 考慮文化、社經背景

以高中生而言，所問的題材類別，要考慮到學生的文化背景，詢問一群在偏鄉的學生問題，就應該以周圍社會可以想像的背景，若與學生生活差異大，那要能清楚描述其情景，才好討論。舉例而言：以偏鄉的學生為例，詢問去餐廳吃飯時，應不應該給小費，這個問題，學生一定不用思考，就會說不用，但若把情況描述清楚，變成若到了美國，大家習慣給小費，而且您也知道服務生的薪水很低，因為期望顧客給予一定的小費，請問您會如何給小費？

(三) 顧及學生的年齡及心智發展

價值澄清法的運用，會比較偏重在高中三年級的學生，已對專業課程有所基礎，加上心智已經較成熟，討論專業課程類的題目，會比較有具體的斬獲。例如：在高三時，學生已修過觀光科的領團實務，教師可以提出為何顧客要給領隊、司機小費？為何小費不是團費的一部份？

五、價值分析教學過程

為了掌握價值的澄清過程，李緒武（2000）提出了八個步驟，本單元將以此八個步驟，來闡述如何運用在餐旅群的教學實務中：

(一) 引起學生對價值思考的興趣

學生對很多問題，有時並不夠敏銳地察覺其存在與否。因此教師的第一個步驟，是要向學生提出問題，並使學生產生討論的興趣。為了避免只有少數人參與討論，教師最好讓同學有對問題存在的背景知識，可以先請學生在課前蒐集資料，或閱讀某幾本書，若背景資料並不複雜，亦可在課程一開

始，請學生以影片或文章察覺存在的問題。問題引出之後，運用其他教學策略：如討論、問答、小組發表等，以學生爲中心地深入思考問題。

舉例而言，播放有關服務態度的影片，有好的服務態度，及不良的服務態度，讓學生關注不良的服務態度會引起什麼結果？

㈡ 介定及澄清價值的中心問題

價值分析的一開始，最好先講明或澄清問題，使價值的教學能夠聚焦。以前述的範例，服務生在服務的過程，顧客的要求一定是對的嗎？提供愈多服務就愈好嗎？不管提供服務項目的多寡，好的服務態度是必然的要求。因此介定好的服務態度是核心的問題所在。

㈢ 釐清及解釋主要的觀念

價值的分析過程中，找到中心問題之後，要澄清「好的服務態度」，但如何定義好的服務態度？服務生認爲好的服務態度還是顧客認爲的好的服務態度？教師可以在此過程中讓小組討論，並各自發表大家認爲好的服務態度是什麼？而差的服務態度是什麼？亦可用辯論的方式，引發同學對好的服務態度的討論，最後找出大家共同可接受的好的服務態度的定義。

㈣ 探討特殊問題與一般價值體系的關係

在價值分析的過程中，學生的討論有時會引發出有異於傳統的認知觀念。這時，便要把這種異於傳統價值的觀念，特別提出，再次澄清。在此，再以好的服務態度爲例：一般而言，隨時微笑以對，是最好的服務員服務態度的展現，但是，當遇到客人有身體不適或是因吃到過敏食物而發炎或嘔吐時，此時好的服務態度，絕對不是以微笑面對客人，而是表達關心及憂心忡忡的感同身受。此時，好的服務態度就是「感同身受」、「有同理心」，體認到顧客的不舒服，並且表達同情及同時感到抱歉。

㈤ 檢驗價值立場的結果

當價值觀已愈來愈清楚之後，可能還是有一些狀況未必能被討論出來的新價值包含在內。例如：「感同身受」、「同理心」是好的服務的新的定義。那麼，感同誰的受？同理誰的心？這種進階的問題，可能必須進一步被討論及檢驗。舉例而言，當餐廳客滿的情況，有客人一直抱怨安排到的位置不佳、想換座位，而其想要的座位，已經有其他客人預定，馬上會來用餐，此時，服務員如何表現出同理心讓抱怨的客人滿意？如果，爲了讓抱怨的客人順利換了座位，對事先預訂座位的客人又如何處理？在延伸討論後，可能會得到一個答案，就是客人的需求未必能完全如意，但好的服務態度，可以將客人的不滿意降低，因此好的態度，包含清楚的解釋，讓客人理解餐廳的

難處。在此例子中，教師在教學中，對於每種價值的可能性也必須預先做準備，並提出來讓同學理解及內化成為價值觀在執行時，可能會有的各種情況，及應對的方式。

㈥ 檢驗資料及論點的周延性

學生在構思問題，有時可能是單一及狹隘的，原因可能是生活經驗不足，或者沒有思考的習慣。身為餐旅群的教師，當應改善學生的習慣，引導他們多思考，並提供他們如何延伸思考的方針。有時引導學生思考的方式也可以是負向的思考，若沒有這麼做，會有何後果？當學生面對可能的負面後果後，才能多方思考其他的答案。例如：當客人抱怨所安排的座位不佳，服務員只簡單告知沒有其他座位了，而未作任何處理及解釋，會引發何種後果？等同學列舉各種不同的後果之後，讓學生表達，所以，事先怎麼做可以制止這些後果？類似的討論議題及延伸可以搭配專業課程或實習課程進行？偶爾亦可用角色扮演法，讓學生揣摩情境，而劇本可由同學自己構思，或是由教師事先蒐集資料，讓學生演出。但切記在討論後或角色扮演後，作出歸納及結論。

㈦ 檢驗資料及論點的相關性

當學生在討論過程時提出不相關的論點，以及當老師判斷與主題不相關，要適時的制止，若必要的話，可以另作為主題來討論。例如：在討論何謂好的服務態度時，學生提出某家餐廳服務生的制服很好看，此與服務態度並未有直接的相關，教師要能適時糾正，並引導回主題。

㈧ 檢驗資料與論點的邏輯和一致性

檢驗資料與論點的邏輯相當重要。探討好的服務態度，學生談到好的服務態度，是因為餐廳的訂價高、收費高，服務態度就要很好，否則挑剔的客人會不滿意。此邏輯並無道理，例如：便宜的路邊小販，也可能提供服務態度良好的服務，因此，好的服務態度與學生所提的訂價並沒有相關，邏輯也不符。教師要訓練自己在邏輯判斷的準確及敏銳度，使自己能勝任此教學方法。

六、價值教學方法

配合價值澄清教學步驟，教師應可掌握此教學的架構。在課前，良好的動機引發，以及資料蒐集都是必要的。累積經驗後，教師可以有自己的價值教學檔案，把所有跟餐旅群專業科目的議題蒐集起來，搭配不同的科目來運用。

例如：餐服技術的服務態度訓練；中餐烹飪中的衛生安全；領團實務中的小費收取議題；客房實務中的清掃客房；觀光學中的國家風景區開發；食物學中的營養觀念；西餐烹飪中的食品安全等。

在價值教學的方法中，各種方法都可以多運用，其中以問答法、討論法、角色扮演法，或是影片欣賞法，都可融入其中。但要注意在各種方法實施時，可能會有的挑戰，根據李緒武（2000）的整理，共有六個項目，一一闡述如下：

(一) 如何對學生的觀念挑戰

以餐旅類科而言，許多學生認為讀到大學，到相關行業工作，就能至少當個小主管，此時，教師可以角色反轉的方法詢問，若學生是主管，會僱用完全沒經驗的大學生來擔任主管嗎？此時，再引進基層工作訓練的重要性，亦可延伸讓學生知道，學歷不是求職的保證。

(二) 如何熱化討論

臺灣的國、高中教育環境，為了提高統一考試的成績，很多時候，精熟知識內容為上課前提。討論的運用，常被認為浪費時間、拖延進度。也造成學生對討論不夠積極，習慣被動的接受標準答案。此背景之下，學生並不熱衷討論，因此，教師在討論的設計上，應注意討論的議題要與學生切身相關，與餐旅專業成長相關，也要與學生的文化背景相關，亦可適時帶入時勢議題。例如：在黑心油風波時，可適時以各個角度討論為何會發生？未來應如何避免發生？

(三) 如何緩和討論

對於有些價值分析的議題，不宜發展太快，可適時地停留在必須理清的思緒中詳加討論時，教師可建立規則，讓學生完整表達，並使學生彼此注意聆聽，以獲得完整的資訊。例如：當討論到對職業的選擇，興趣為重？或者是現實為重？可以多請學生發表不同的看法，提出家庭或朋友曾提出的質疑，慢慢讓學生思考選擇時應考慮的因素，進而做出適合自己的選擇。

(四) 如何導向目標的討論

討論前做出架構，並且要依經驗來阻斷無相關的討論，只要符合目標的討論，給予鼓勵或加分，對於無相關的論述，可以先聆聽，但表達此與主題無關。教師要能適時當討論時的掌門人，也可請同學事後投票，選出論點表達最佳的前三到前十名，給予額外加分的機會。

(五) 敏感性問題的處理

性別與政治性的問題，是最常見的敏感性議題，教師要小心避免在討論

時提起此議題。尤其在性別的議題處理時，教師自己應有一套公允且為大眾接受的價值觀，千萬不能涉及歧視及偏見。若因自己信仰的情形，更應該讓學生理解，有些性別意識在宗教信仰中的情形，同時讓學生理解社會上多元的價值觀。最重要的是，強調每個人可以擁有自己的價值觀，不要強迫他人接受某人的觀點，否則就失去價值澄清的目的，也無法養成學生獨立思考的能力。

㈥ 非道德觀念的處理

在討論的過程中，若遇到學生所提的價值觀牽涉到道德層面的議題，應能夠隨時導正。例如：討論到遇到不理性的客人，學生替服務人員感到不平，建議服務人員在食物中加入不衛生的東西，此時儘管是開玩笑，也應該適時的導正及阻止。

七、價值澄清法的案例

請在課堂上作討論，並運用價值澄清步驟討論。

㈠ A生考試得100分，結果她自己發現老師改錯，所以她把考卷拿去給老師，並扣掉2分，實得98分。如果您是她的老師，會如何評論A生的行為？

㈡ 如果妳在餐廳工作已滿一年，至今仍是資深服務員，除了薪水調整外，職等並未有變化，妳心裡很期待能夠被提升成為領班。但是，這個月，公司把一個比妳資淺，才到公司六個月的員工升等為領班，請問，妳會如何面對此情形？

㈢ B生已經體重過重，應如何協助他控制體重？在讀了食物學之後，有了營養學的觀念，如何運用此學科協助B生改正？

第四節　欣賞教學法

欣賞教學法時常運用於藝術領域的科目類型。此教學法是藉由指導學生欣賞、感受並評論事務的美醜、良善、是非、品質，讓學生培養出高度的感受性，並因理解事物的本質而讓行為跟著趨向美好的一面。教師給予學生欣賞的機會並培養感受力，即為欣賞教學法。

一、欣賞教學法的功能

欣賞教學法常能訓練培養情意領域的態度、情操、對美好事物的感受，若妥善及徹底的實施，可達到下述的功能（江文雄，2000；陳昭雄，1997；

張添洲，2010）：

㈠ 對美的事物產生興趣

欣賞教學法能透過大量的賞析讓學生對美的事物產生興趣。從藝術品中，學生也能看見許多種事物的美，如大自然的和諧之美、音韻中的律動之美、舞蹈的躍動之美，怡情養性、陶冶性情，透過藝術讓學生提升行走動靜之間的美感與沉穩之心。例如：中餐課擺盤的藝術、菜單設計美術的呈現、國家公園之美。

㈡ 陶冶學生個性與情感

除了學習各種美感並從中獲得靈感與知識，學生還能透過欣賞法也能陶冶自身性情。例如欣賞他人或書籍裡各式人物的道德良善，並從中領悟學習其美德，這也是欣賞法的一種。透過許多書籍、名人傳記、紀錄片，從中獲得真理知識，不但可以美化人生，更能修身養性。例如：強調餐飲旅館從業人員的美德，可介紹蘇國垚的感動服務哲學；江振成的八角哲學；及沈方正勇敢立志、彎腰哲學，透過成功的典範，可使學生有學習的典範。

㈢ 提高對專業的鑑賞能力

透過藝術品、影片等賞析，學生也能獲得鑑賞的能力。鑑賞能力除了讓學生提升藝術領域的美感，更能讓學生對事物的感受性增強，對事情更加有同理心、對善更有高度的敏感性。在餐旅的專業中，許多事物都與美有關，例如：飯店建築物的設計美學；制服設計的美學；菜餚呈現的美學；風景區設計的美學等，都適合以欣賞教學法教學。

㈣ 提昇品德層次

閱讀名人傳記等，學生能學習各方人士的美德與成功經歷，對未來也能更加有前瞻性，有遠大的抱負、崇高的理想，並看著前人背影，腳踏實地的前進。勤奮堅持也是一種美德，特別運用在餐旅群從業人員的培養相當適合，例如：江振成、吳寶春的堅持精進廚藝，終獲大家的掌聲。

㈤ 啟發研究精神

欣賞教學法所培養出的鑑賞力，能讓學生懂得藉欣賞科學家的發明與發現、各方人士的道德智慧、專家的見解、學者的邏輯思維，培養學生的興趣進而追求卓越。欣賞教學法透過大量的書籍影像，激發學生對各領域的興趣與創意，進而懂得對真理的欣賞與追求。例如：黃銘波師傅精研果雕藝術，在喜來登飯店中，量身訂做適合的職位，在餐廳服務及菜餚中，以果雕來為整體服務加分，且不斷以各種不同食材研發新的雕塑藝術，也值得為後輩所學習。

㈥ 提昇社會風氣

餐旅產業，一直被社會視為基層的服務產業，但透過對飲食文化的薰陶，加上對餐旅美學的提升，整體的國民素質及從業人員都得以提昇。

二、欣賞教學法的步驟

欣賞教學法的步驟比起其他教學法，顯得比較隨心所欲且隨機。教師可以提供大量的藝術品或媒材供學生實際欣賞；也能透過暗示法，讓學生心領神會；或是講解說明或實際操作，讓學生具體理解；更能透過問答法，讓學生從中思考其真諦，最終能將欣賞化為實踐。欣賞教學法，因目標及教材的不同，可以有下列五個步驟（江文雄，2000；陳昭雄，1997；張添洲，2010）：

㈠ 引起欣賞的興趣

所有的教學，都應以讓學生產生興趣為優先。唯有學生產生學習的動機或學習的意象，教學才能順利進行，學生也才會對知識更加珍惜，容易產生共鳴。

㈡ 指導學生深入欣賞

欣賞教學法除了讓學生透過眼睛觀看，更重要的是賞析的部分。要如何讓學生有強烈的情感反應，並認同欣賞該事物，看見它的本質，就是教師該考量的課題。教師可以運用各式方法，不論是影像、教學音調、肢體動作與生動講課方式，只要能讓學生有深入其境並能感受到作品本意，就是成功的欣賞教學法。

㈢ 指導學生實踐力行

從引起動機，到學生能理解欣賞，下一步便是讓學生能有實作的機會。教師可以運用多元的教學方式，讓學身親身去嘗試、去創作、去表演等。

㈣ 發表作品並適時鼓舞鼓勵

學生創作完畢應有發表的機會，在實作的過程中，難免會有些失敗或錯誤之處，教師應適時給予學生鼓勵與褒獎，讓學生能維持嘗試的動力，激發自身的興趣潛能，讓學生對該活動有更良好的發展動力。發表的過程，也可讓學生互相學習。

㈤ 評鑑結果

因應學生的發表，教師可設計同儕互相評分及教師評分，將學生的發表作品，列入計分項目，使學生在欣賞完後，更樂於將欣賞變成實踐。

三、欣賞教學法的原則

根據上述的教學步驟，欣賞教學法的運用，脫離不了下列的原則（江文雄，2000；陳昭雄，1997；張添洲，2010）：

（一）欣賞的教材要選擇適當，配合科目及單元，深化教學。

（二）欣賞時要能瞭解重點，必要時，教師要先提示關鍵的欣賞重點。

（三）欣賞時勿完全落入理性的分析，要能提昇學生創意思考的可能。

（四）欣賞時要避免用過於理智的方法分析，情感及直覺仍為首要的重點。

（五）欣賞時要顧及學生的特性，並瞭解學生的差異。

（六）落實於學生的日常生法，應用在各個專業學科之中。

四、欣賞教學法的範例

下列幾個範例，可用於教授相關的專業課程之中：

（一）咖啡拉花成品欣賞。

（二）世界烘焙比賽作品欣賞。

（三）創意調酒比賽作品欣賞。

（四）專題製作得獎作品欣賞。

（五）蔬果雕作品欣賞。

（六）各種競賽過程欣賞。

（七）各種得獎創意料理欣賞。

（八）成功餐旅從業人員的典範欣賞。

（九）飯店建築的設計美學欣賞。

（十）觀光資源、國家風景區或各國景觀欣賞。

五、設計一欣賞教學法的教案

請以餐旅專業科目為例，設計一欣賞教學法的教案，並於設計完成後做欣賞。

第七章
其他多元教學法

重點
大綱

第一節　創意思考教學法

　　所謂的創造，就是運用以往的經驗與學習經歷加以分析，並結合新的構想以解決問題的創新歷程。創意思考教學法則是透過教學，培養出學生創意思考解決問題之能力的教學法，同時也是鼓勵教師能不斷改進教學方法，創新的充實教學內容（曾怡菁，2015）。根據美國奧斯朋博士的著作《應用想像力》，他將創造思考的過程列為七種步驟。他的論點深受企業界與學術界的重視，至今仍在運用。創造思考教學是為培養學生創造思考能力的教學，教師在一種支持性的環境下，運用創造思考的策略，激發學生創造的動機，以培養學生思考的能力（許佩玲、王繼正，1999）。在培養學生創造思考能力的過程中，教師教學時以學生為主體，配合創造思考教學策略，激發學生學習興趣，讓學生能夠表達自己的意見，並且相互激盪出不同想法的機會（陳龍安，2008）。創造思考教學，是教師透過課程的內容以及有計畫的教學活動，在一種支持性的環境下，激發及助長學生創造行為的一種教學模式（毛連塭，1994）。創造思考教學是以學生為主體，在創造性的情境中，學生在教師的引導下，得以盡情發揮其思考力、想像力，以及潛能（洪榮昭，2002）。換言之，創造思考教學即教師藉由課程和活動，提供一種支持的創造性環境，以激發學生的創造性思考，表現出創造性行為，以增進其創造才能的教學模式（曾怡菁，2015）。

一、創意思考教學之原則

　　陳龍安（2006）在其創造思考教學的理論與實際一書中，也整理了十項原則，做為教學者在設計創造力訓練課程及實施時的參考。也鼓勵教師用心、用新來鼓勵學生發揮創造力。

　　㈠ 提供多元的支持環境。

　　㈡ 累積知識基礎，以利推陳出新。

　　㈢ 活動具體可行活潑有趣。

　　㈣ 思考技巧傳授，自然融入課程。

　　㈤ 散與聚斂思兼顧，創意與批判思考並重。

　　㈥ 團隊合作學習，異質創意交流。

　　㈦ 結合家庭社會資源，配合多元智慧發展。

　　㈧ 採用多元評量，莫讓創意溜走。

　　㈨ 開創新意，兼顧創意倫理。

(十) 強化教師的教學反思及學生的後設認知。

葉玉珠（2006）在其書中，指出依據吳靜吉的觀點，創造力是可以被教導的。在父母及教師的支持，學校環境的配合，創造力是可以有效的被教導的。並建議十二項方式可以成為進行創造力教學的原則：

(一) 認識創意的本質。

(二) 創造力教學應融入各科教學。例如：共同科目、專業科目，或跨域科目。

(三) 創造力教學必須讓教學者及學習者親身體驗創造的歷程。

(四) 創造力的學習常是透過非正式管道，師徒制方法是有效的。例如：專題製作、成果發表、或者是技能競賽活動等。

(五) 創造力的教學以歷程為導向。過程重於結果。

(六) 異質的團隊合作，有利於創造力的學習。餐旅類群學生與設計群或語文群學生團隊合作，通常可激發更多的創意火花。

(七) 創造力典範或是實例，有利於創造力的開發。大師的作品常有啟發效果。

(八) 教師應形塑創意氣氛，支持創意化的環境營造。

(九) 將知識化為可親可近創意資源。

(十) 讓學習者享受福樂經驗（flow），也讓教學者享受這種經驗。

(十一) 隨時要求學生表現創造力，並將評量的指標告訴學生。

(十二) 父母、教師都應有好的創造力判斷能力及支持的氣度。

二、創意思考教學策略

(一) 創造思考教學的三段模式

陳龍安（2006），提出創造思考的教學三段模式，這三段指的是歷程分三段，第一段是暖身活動；第二段是主題活動；第二段是結束活動。

1. 暖身活動

就是引起學生動機。

2. 主題活動

這個階段包含「問、想、說、寫」。問問題的方式，包含幾項技巧，可以問假如的問題；列舉的問題；比較的問題；替代的問題；除此之外的問題；可能的問題；想像的問題；組合的問題；六W的問題；類推的問題。教師問完問題後可以留給學生思考的思間；然後再讓學生說及發表。最後請學生將意見綜合寫下來。

3. 結束活動

結束課程前，可以評估跟讚美，並且預告下次課程。

（二）**愛的教學模式**（ATDE）

依據陳龍安（2006）的觀點，愛的教學模式，是在愛與包容的環中，提供自由、民主、安全和諧的環境，讓學生發揮創造力。簡單來說，ATDE是四個英文詞彙的縮寫：Asking：問；Thinking：想；Doing：做；Ealuation：評。而這四個步驟必須建立在三個假設之下：「推陳出新，有容乃大，彈性變化」。

這四個步驟如圖7-1，並說明如下（陳龍安，2006）：

1. 問（Asking）

教師提出適合學生發揮創造思考的問題，供學生解決問題，學生在過程中，可以歸納或演繹問題的答案，找出更多的可能性。

2. 想（Thinking）

聯想是學生可以發揮創意最重要的階段，在友善的環境中，允許學生天馬行空，找出與傳統不同的答案，有時新的發明，就是在天馬行空的想像中找到答案的。例如：在二十年前，很難想像手機的流行，也很難想像電話可以直接看到對方的影像。

3. 做（Doing）

邊做邊想，可以讓學生的想法實現，也可斷修正所想的答案。以餐旅類科而言，很多科目更是適合利用操作，將想法實踐。例如：烹飪課新菜色的研發、烘焙課利用不同的食材，製作可口的點心等。

4. 評（Ealuation）

評估創造力的受欣賞程度是必要的，但有時對創意的欣賞是主觀的，

圖7-1 「問想做評」創造思考教學模式

資料來源：修改至陳龍安（2006），頁150。

因此，建議教師可以設計同儕互評的機制或者請不相關的第三者或者專家來評估學生的成果，可以達到客觀評估的效果。

(三) 腦力激盪法（Brainstorming）

曾怡菁（2015）曾整理陳龍安的說明，腦力激盪是指一群人在短時間內運用腦力，集思廣益，對某項問題提出大量的構想技巧。腦力激盪有以下四條基本原則必須遵守：

1. 拒絕批評

不作任何有關優缺點的評價。

2. 歡迎自由聯想

歡迎異想天開的想法，但要注意必須自我控制，避免說廢話。

3. 意見越多越好

鼓勵提出大量的點子。

4. 組合改進其他人意見

鼓勵巧妙的運用並改善他人的構想。

腦力激盪法，在創造力教學時常被運用，是公認最有效的方法。使用此方法時，每個人的意見都被看重，沒有挫折感。而在思考激盪時，大家也容易產生不甘示弱的精神，勇於提出想法。陳龍安（2008）提出在教室使用腦力激盪的步驟如下：

1. 選擇及說明問題

選擇的問題範圍要小，且有具分歧性的答案。

2. 說明必須遵守的規則

即腦力激盪的四項基本原則。

3. 組織並激發團體的氣氛

用分組的方式，並推選出一位主持人，教師進而營造自由、愉快且讓學生願意表達意見的氣氛，進行討論活動。

4. 主持討論會議

各小組分開討論，教師提供問題供腦力激盪時採用。

5. 記錄大家所提出來的意見或觀念

每一小組推選一至二位記錄，將小組成員的意見記下。

6. 共同訂標準並評估，以選取最好的意見

評估標準及方法，可由師生依問題的目標共同提出，以選取最好的意見採用。

餐旅類群教師可運用腦力激盪法讓學生在短時間運用腦力，彼此激盪出更多的點子，以求集思廣益。例如：成果展，專題製作，或者是技能競賽作品，應如何呈現，都可利用此法。但在運用腦力激盪法時仍要記住十大原則（陳龍安，2006）。

1. 延緩批判：勿輕易批評參加者的想法。
2. 多多益善：鼓勵提出想法。
3. 異想天開：愈怪異的想法愈好。
4. 搭人便車：想法可以建立在他人的想法基礎上。
5. 不離主題：環繞在一個主題中思考。
6. 圖像思考：可以畫出來，用圖像表達想法。
7. 一次一個：一次表明一個想法。
8. 跳脫框限：不要限製住思考的範圍。
9. 暫緩討論：如果暫時沒想法，可以先停頓，允許暫時沒有新的主意。
10. 休息一下：必要時吃個點心、喝個咖啡再繼續。

(四) 心智圖法（Mind Mapping）

心智圖法（Mind Mapping）是一種刺激思維及幫助整合思想與訊息的思考方法，也可說是一種觀念圖像化的思考策略（Buzan& Buzan著，羅玲妃譯，1997）。心智圖法依張世慧（2006）的觀點，有四項功能：分析、記憶、創意及溝通四項功能。此法主要採用圖誌式的概念，以線條、圖形、符號、顏色、文字、數字等各樣方式，將意念和訊息快速地以上述各種方式摘要下來，成為一幅心智圖（Mind Map）。結構上，具備開放性及系統性的特點，讓使用者能自由地激發擴散性思維，發揮聯想力，又能有層次地將各類想法組織起來，以刺激大腦作出各方面的反應，從而得以發揮全腦思考的多元化功能（引自曾怡菁，2015；張世慧，2006）。參考步驟如下：

1. 首先定出一個主題，例如「如何設計一個有特色的餐廳」。
2. 在白紙上繪一個圓形或其他圖形，把主題寫在中心，可以利用彩色將主題突顯。
3. 然後在中心點引出支線，把任何有關這主題的觀點或資料寫上。
4. 如想到一些觀點是與之前已有的支線論點類似，便在原有的支線上再分出小支線。
5. 而不同或不能歸類的論點，則可給它另引一條支線。
6. 學生可以隨便開支線，想到什麼就記在圖上。
7. 用一句簡短文字或符號記錄每一支線／分支線上的分題。

8. 最後整理資料，在不同的論點支線旁邊用方格把它們歸類。

其注要事項整理如下：

1. 可用不同顏色，圖案，符號，數字，字形大小表示分類。

2. 儘量將各項意念寫下來，不用急於對意念作評價。

3. 儘量發揮各自的創意來製作心智圖。

例如例用圖向思考的方式，將餐廳分類，製作成心智圖。在特色餐廳設計時，使用此方法讓學生能將想法加以分類整理，繪出主要概念線，同時讓學生從每條概念線中再做更多的聯想，並將聯想到的餐飲設計理念簡要寫在各分支線上，最後以圖像方式將各式各樣的想法彙整成心智圖，鼓勵學生發想不同餐廳設計的可能性，學生常有意想不到的發想。圖7-2是以特色餐廳為例，將想法以圖像畫出來，其中以菜單設計為例，延伸思考，同學可以以此圖為例，來練習其他項目的發展心智圖。

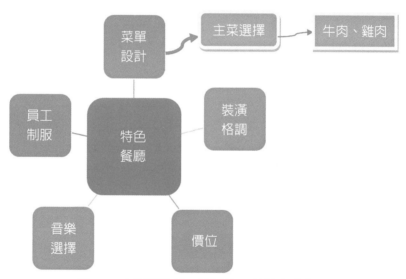

圖7-2　心智圖範例，請延伸思考並完成此圖

㈤ 曼陀羅法

曼陀羅思考技法是由日本今田浩晃先生依據印度佛教曼陀羅所設計（陳龍安，2006）。曼陀羅法是一種有助擴散性思維的思考策略，利用一幅像九宮格圖，如下圖所示，將主題寫在中央，然後把由主題所引發的各種想法或聯想，寫在其餘的八個圈內，此法也可配合「六何法」從多方面進行思考（引自曾怡菁，2015）。

陳龍安（2006）也依曼陀羅的九宮格再延伸成蓮花法以及向四面擴散

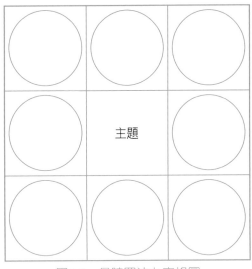

	主題	

圖7-3　曼陀羅法九宮格圖

資料來源：陳龍安（2002）。創造力課程開發
　　　　　國際學術研討會大會手冊（185-214
　　　　　頁）。

的輻射線式，可以使九宮格原本的八個答案，各自成為主題，延伸成八乘八六十四個答案，如此循環，則有無限的可能。尤其運用在人際關係的圖像連結，頗有效果。

張世慧（2006）則提到曼陀羅思考法的運作方式，可以以擴散型向四面八方發展；也可以用順時鐘方向，圍繞式的流動，二者的運用皆可依教師的教學內容來運用。

曼陀羅的教學步驟曾怡菁（2015）整理如下（許素甘，2004）：

第一階段

示範引導，教師先做示範，再讓學生自願上臺來發表。此階段學生必須建立一個重要概念：任何事情皆可由多角度去思考。

第二階段

小組活動，可先以團體方式進行，再由小組討論方式進行，各小組先訂出一個創意主題，再選擇七個子題，最後一格填入感想。子標題概念須儘量概念化、簡明扼要。每個子題必須是小組成員或人最想表達的想法內容。

第三階段

個別習作由學生個人自行探討研究，發展出八個子題，並作延伸思考。

例如曾怡菁（2015）在西餐烹飪課程採用曼陀羅法作為菜餚設計的構想方法，讓學生運用球狀的思考方式，以所想設計的菜餚為中心主題，外層八格則作為菜餚設計的相關概念。如設計理念、食材的選用、調味、作法、主副材料的搭配、擺盤組合、工作分配等。運用此方法讓學生訓練擴散思考，讓模糊的想法系統化呈現出來。

㈥ **七何檢討法（5W2H檢討法）**

「七何檢討法」是從「六何檢討法」延伸而來。在討論時，若有此七點引導，學生可以依提示而從不同的層面去思巧和解法問題。一方面可以找出其缺點，另一方面亦可擴大其優點或效用。按問題性質的不同，用各種不同的發問技巧來檢討，檢視不同的答案，是否為大家所接受。這七點的提示，用範例來說明會比較易懂。例如：今日欲在飯店的大廳放上一裝置藝術，增

教材教法與教育實習──餐旅群

加飯店的藝術感，如何思考？描述並舉例如下：

㈠ **爲何**（Why）：爲什麼要放裝置藝術？

㈡ **何事**（What）：要放什麼樣的裝置藝術？

㈢ **何人**（Who）：哪個部門，哪位員工主要負責？

㈣ **何時**（When）：什麼時候放置？

㈤ **何地**（Where）：放在大廳的何處？

㈥ **如何**（How）：要如何放進來？藝術品要怎麼取得？

㈦ **何價**（How Much）：放置此藝術品的價位是多少？

此方法以某事物或問題爲中心，以七個角度去探討事物的合理性，從而提升學生的想像力，多角度思維及強化他們的找難力及解難力。

表7-1　創意料理設計與規劃-不一樣的義式創意新年套餐

設計理念	主菜＋配菜 &前菜沙拉	肉類主菜的做法
主菜擺盤	**創意料理** **設計與規劃** 適合家人享用不一樣的義式創意新年套餐	前菜沙拉
澱粉類與 配菜擺盤	使用器皿	人員工作分配

資料來源：曾怡菁（2015）。

例如在烹飪課程中，曾怡菁（2015）採用5W2H法的提問技巧，提出與荣餚製作相關的問題，學生依照提問的問題來找出荣餚製備食的問題，同時能夠增強學生問題解決的能力，並綜合上述之教學策略應用於課程設計與學習單設計之中，使其廚藝創造力課程能對學生之創造能力提升。又如，在觀光科的遊程設計中，可利用此方法，引導學生思考旅行社的遊程設計，其設計的意涵及價值何在？藉由觀察省思各種現成的商品，引發學生思考，如何設計出好的且有商業價值的遊程。

㈦ **檢核表法**（Checklist Method）

檢核表法是在考慮某一個問題時，先製成一覽表，對每項檢核方向逐一進行檢查，以避免有所遺漏。此法可用來訓練學生思考周密，及有助構想出新的意念。藉自行提出檢視一些問題，會引發找出問題的多面效果的機會。提問越多，就越能探討事物或問題更多不尋常或被忽略的存在特性，從而就這些特性作出更多樣化改良革新的構思（教育局校本資優課程教師培訓教材，2014）。

常用的檢核表如下：

1. 奧斯本（Osborn）檢核表

「奧斯本檢核表」是現在所有檢核表中，最常用及最受歡迎的。主要有以下九項，每項中把簡短的文字或問題寫在卡片上製成檢核表，以助構想出更多改良或革新的方案（Osborn, 1963；引自陳龍安，1995）。

檢核的方向可分為以下九項：

(1)是否有其他用途？(2)能否應用其他構想？(3)能否修改原物特性？(4)可否增加些什麼？(5)可否減少些什麼？(6)可否以其他東西代替？(7)可否替換？(8)可否以相反的作用／方向作分析？(9)可否重新組合？

2. 奔馳法（SCAMPER）

Eberle（1971）參考了Osborn的檢核表，提出另一種名為「奔馳法」（SCAMPER）的檢核表法，在產品改良中常被應用，這種檢核表主要藉幾個字的代號或縮寫，代表七種改進或改變的方向，幫助推敲出新的構想。陳龍安用了「代合調改用消排」七個中文單字作代號，以方便記熟這七種改良原物的方法。

下表簡列了SCAMPER檢核法的概要及內容（引自陳龍安，1991；1995，頁140-143；1997，頁144-145）：

表7-2　SCAMPER檢核法概要內容表及應用

英	文字	內容	在餐旅群的運用，以設計年菜為例
S	Substitute（替代）	何者可被「取代」？誰可取代？有沒有其他材料、方法可替代？	可否以西餐代替中餐來設計年菜？
C	Combine（合併）	何者可與其結合？	可否以中餐結合西餐設計年菜？
A	Adapt（調適）	有沒有不協調要再調整的地方？	中餐為合菜呈現，西餐可以嗎？要如何調整？
M	Modify、Magnify（修改）	修改成什麼？要用什麼方法、素材修改？	主食要改成什麼？
P	Put to other uses（其他用途）	可否用新方法？有沒有新用途？可否在其他場合使用？	設計好的新年菜可否用在其他場合？
E	Eliminate（消除）	可否將原物變小？濃縮？或省略某些部份？使其變得更完備、更精緻？	菜色一定要十道嗎？可否縮減成六道？
R	Re-arrange（重排）、Reverse（顛倒）	重組或重新安排原物的排序？或把相對的位置對調？換其他材料？	年糕只能是甜點嗎？可否成為前菜，可否改為鹹的？

資料來源：修改自曾怡菁（2015）。

3.「創意十二訣」檢核表法

「創意十二訣」由國內學者張立信等依據檢核表法的原則，創出十二種改良物品的方法，概要如下（引自陳龍安，1997，頁148），而陳龍安（2006）稍後也再修改如表7-3：

表7-3　創意十二訣檢核表法及餐旅類實例

核心概念	內容概要	餐旅類實例
加一加	在某一物品上加上東西，使之改變	旅行箱加上內置秤，可以隨時得知行李重量
減一減	在某些東西（物品）上可以減省或除掉些什麼呢？也許會給人耳目一新的感覺	水龍頭不用開關，直接感應，更衛生
擴一擴	將某些東西（物品）變得更大或加以擴展	小傘變成大傘，可以使餐桌放到戶外也不怕日曬
縮一縮	縮細、縮窄或壓縮某些東西或物品	粽子變成一口大小，符合減少熱量原則
改一改	改良某些東西（物品）從而減少其缺點	湯杓改良把手，可以掛在鍋邊，使之不會滑落到湯鍋內

核心概念	內容概要	餐旅類實例
變一變	考慮改變某些東西（物品）的排列次序、顏色、氣味等	珍珠奶茶改良變成抹茶珍珠
換一換	把現有物品的芋一部分零件或材料更換，可以產生新產品	鳳梨酥變成蔓越莓酥
搬一搬	把某些東西換到其他地方或位置，也許會有別的效果或用處	烤箱上的計時器，可以舉手錶同步，提醒烤焙時間已到
學一學	學習，模仿考慮學習或模仿某些東西或事物，甚至移植或引用某些別的概念或用途	把手機的感應效果運用在房門的開啓，運用在旅館房間，不用再使用房卡
反一反	大的想成小的，窄的試成寬的，用逆向思考的方法，把芋些東西的裡外、上下、前後、橫直等作真倒一下	一籠只能放一顆湯包的小蒸籠，本來蒸籠只能放多顆成品，現在可以只裝一、二顆，方便客人食用
聯一聯	考慮把東西連結起來或可加入另一些想法	手機結合信用卡，直接可以用手機結帳
代一代	將一物用另一物取代	登機不再需要登機上，直接用手機感應即可

資料來源：修改自陳龍安（2006）。頁229-230。

教師們在教授專業科目時，可利用此法激發學生多元思考，從原有的產品中，創造新的元素，產生新的風貌。透過奔馳法讓學生思維多元、學生的創意也能從中被激發。

五、動腦時間

(一) 以107課綱任一門專業課程爲例。

(二) 提出一個小單元，運用創造思考教學法設計一個小教案。

(三) 時間十五分鐘。

(四) 請寫出主題、學生應提出什麼構思或創意？預期得到什麼結果。

第二節　合作教學法

東京大學的教授佐藤學，針對失去學習動機孩子所主導的教育改革方案，提出「學習共同體」的目標及做法，所謂學習共同體，所採用的方式就是合作教學的延伸，強調「活動式的學習」、互助合作的「協同學習」以及分享與品味的「反思式學習」（佐藤學，2012）。教室中學生的理解並非齊一的，爲了有效提昇學習層次，又不放棄任何一個學生，合作教學法被視爲是一個有效的教學方式，應被廣爲應用。

一、合作教學法的原理

合作教學法是一種促進學生系統化、結構化、團體化的學習方法。此法著重於培養學生的合作能力，而在合作中學習到的情意與處理事情之技能則是將來出社會之時迫切需要的能力。教師將學生分配到各個異質小組之中，透過學生彼此能力的互補、互相協助，每個學生不只能達到學習的目標，也能學習承擔責任，更能提昇表達溝通能力、社會參與能力及民主素養（李坤崇，2001；周春美，2009；張添洲，2010；黃政傑、林佩璇，2008）。

基於上述，合作式教學可增進學生的各項技能，如表達、溝通、異中求同及解決歧見的能力等，此一教學法之原理如下：

(一) 強調異質分組

將不同種族、性別、社經背景、專長與學習能力的學生集合成一小組，讓成員彼此互補搭配完成目標的小組。因為每個學生都有其不同之處，因此學生可以互相學習彼此優點，並協調搭配。學生能參考他人所發表之不同觀點並加以學習融合。小組的成員以三到六人為佳，而組內的成員，角色宜先界定，如小組長、記錄員、報告員、資料員等。異質分組的組成，是合作教學法與分組討論法最大的差異。

(二) 重視團隊績效

此種分組能讓學生意識到，一個小組的成功，並須仰賴全員的配合與協助。小組是一個共同體，所有榮辱皆休戚與共，福禍相倚。學生能透過這樣的認知，培養自身責任感與協調能力。其兼重團體目標及個人績效，因此，學習能力強者，除了專注學科內容學習外，也應該協助同組的組員使之成績提高，以達到團隊績效。

(三) 小組互助成長

小組間的交流與討論內容也是學生成長進步的其中一環。學生們合作學習並相互競爭，提升自我，幫助能力的提升。人際技巧與小團體技巧也是合作學習的重要因素。除了學習課業外，人與人之間的互動也是學生須面對的一種重要課題。人與人之間，有互動便能有所領悟，合作學習亦是如此。此種能力稱為團隊合作（team work），有了此能力，組員之間也會彼此互賴，同儕之間，也可以增進彼此友誼。

(四) 評鑑個人學習績效

除了學生間的互動外，教師的評分及引導也十分重要。合作學習看重的是彼此搭配多人解決問題的能力，而非單槍匹馬的前行，教師應讓學生瞭解

所謂的小組合作，和個人獨立作業的不同與優點，並點出每位學生的優劣，讓學生能取經他人的成功經驗。

㈤ 團體歷程

教師應定期檢視小組的學習績效，分析小組目標達成程度。若有良好的成長，則可以調整更新活動，讓學生有其他動力追求新的目標；若是小組績效不彰，教師可以考慮重新編組，或找出落後進度的原因並改善之。

二、合作教學法的實施方式

黃政傑、林佩璇（2008）提出合作教學的教學設計，包含教學前的準備及實施。

㈠ 教學前準備

1. 決定小組人數

一般而言，二人即可成組，三至六人為最佳人數組合，人數過多，每個人發表或學習參與的比例降低，而人數太少，代表組數較多，彼此學習的對象也較不夠多元。

2. 進行學生分組

分組時，可考慮的因素相當多，例如學習動機、學習風格、家庭背景、學業成績等。教師可以依成績高低排列學生，以Ｓ型的分配方式將學生排入組別，再以學生的其他因素做調整。例如：同組學生都為單一性別或者都屬內向型的學生，則要事先微調為佳。換句話說，教師在分組前，對學生有一定的認識，有助於學生分組的安排。

3. 分配組內角色

學生在合作學習的組內，每個學生都有學習工作，學習教師教導的內容是每個學生都要做到的。但是合作學習中，學生另外需要刀工，擔任組長、資料蒐集員、報告員、紀錄員等來記錄學習的歷程，必要時在班級內分享結果。

4. 安排教室空間

同組組員要坐在一起，若教室本來就是小組座位安排法，則不用另排座椅，但若是傳統的教室分配，則讓同組組員跨二排，集中在一起，討論時，只要可以很快聚集在一起即可。

5. 準備教材

事先準備好要討論或共同學習的教材，一組一份，並且要將要展現的成果，先做說明，若有課後學習單或測驗單也應先行設計。

(二) **教學中**

教學中可分為七個步驟，如圖7-4所示，每個步驟說明如下。

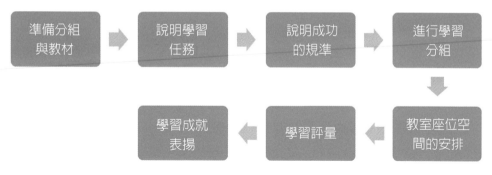

圖7-4 合作教學法實實施步驟

1. 準備分組與教材

教師須在課程之前準備好足夠數量的共同教材，上課一開始，便為學生進行異質分組，分配角色供學生擔任（主持人、記錄員、報告員、觀察員）。

2. 說明學習任務

教師可以預先告知學生教學的進度與學習目標，供學生預習與準備。教師在教學前應說明每個角色所擔任的職責，角色名稱。教師也能隨意更換角色名稱，以增加趣味，例如將組長命名為國王，組員依據能力分配為臣相、大臣、皇太后等等。或者模擬公司組織，組長是CEO，記錄員是秘書、報告員是行銷總監、依功能安排財政部長、公關部長、產品部長等。

3. 說明成功的規準

合作教學的評量，要分二個層次，一是個人成績，一是小組成員的成績，尤其看重小組成員的進步情形。如果小組中有人不能達到最低標準，則會影響大家的成績，因此，強調每個人都要通過最底標，是合作教學的一個特色。在此前提下，小組學習力較快的，就要負責教學學習力較慢的。對於協助小組成員進步，不只被協助者要加分表揚，協助者更要一起被加分及表揚，以增進團隊的向心力，並強調個人榮譽。

4. 進行學習分組

小組組別數與人數應考量教室場地大小後再行分配。小組成員越多，合作時所遇見之情況則越複雜，因此小組人數以3~6人為主。基本原則是異質分組。

5. 教室座位空間的安排

小組與小組之間盡量不要太過密集，以免相互干擾。同組組員則相鄰而坐，最好併桌學習，方便上課時彼此討論取得共識。

6. 學習評量

學習評量是判斷學生學習成效的一種依據。教師應定期為學生進行測驗，在成績公布後檢評各組學生的表現與優缺。

7. 學習成就表揚

表揚是一種正面增強學生良善行為的教學方式。適當的獎勵則能激起學生學習的動力，努力相互扶持彼此配合，激化學生學習的意願。教師應計分並定期結算結果。此外，教師還能在結算後重新分配學生的學習小組，讓每位學生都能接觸其他同儕，互相學習。

(三) 團體歷程與教學反省

1. 對團體歷程的反省

當實施完合作教學法後，教師對學習的成效應該做評估，學生透過此過程，是否有所進步及改善？學生是否在過程中學習到互助合作的精神？學生在過程中，是否增進人際互動的溝溝協調能力？這些問題可透過在課堂上讓大家發表或者以問卷書寫的方式得到答案。

2. 對教學設計及實施的反省

合作教學的設計，對新手而言，仍需經驗累積，每個步驟在實施時若遇到障礙，宜記錄下來，做為下次修正的參考，再接再勵，增加操作此課程的熟練度，不要輕易放棄。

三、合作教學法的類型

(一) 學生小組成就區分法（Student Team-Achievement Divisions, STAD）

1. 全班團體教學

分組主要是為了上課搶答加分。教師應參考每位學生能力值進行分組——通常以成績或學習方式為主要判斷依據，每組的能力值應平均，以示公平。

2. 小組學習

教師可以讓每個角色都有其勝任的職務與得分標準，分數低的學生若回答問題，能得取較高分數，高成績者則反之，異質分組讓學生能習慣合作，高分群學生能為了小組，主動教低分群，低分群則為了回應高分群同學的期待，努力學習。此法能讓小組成員相互討論，協助他人熟悉教材，有助於良善的互動合作。

3. 學習評量

定期的學習評量,讓學生檢視一段時間的學習成效。教師也能在評量中增加小組競賽法,每次搶答能依題目難度得到不同積分,定期結算,積分高者能獲得表揚獲獎勵,提高學生學習的動機與動力。

圖7-5　專題製作課分組完成專題製作流程

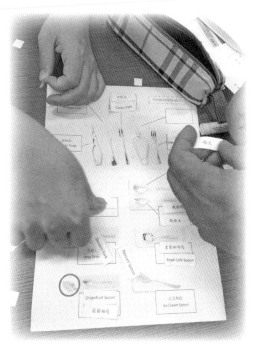

圖7-6　分組完成餐具辨識

圖7-7　觀光學期末行程規劃分組完成

4. 計算成績

以個人過去的分數為基本分，每週計算出學生的進步分數及小組的整體積分。小組進步積分最大者即加以表揚。

5. 學習成就表揚

除了表揚小組的合作表現外，教師也能個別表揚學習態度或進步幅度出色的學生。讓學生獲得成就感，增強他們對學習的欲望，能夠有動力繼續追求更高表現。

（二）拼圖法（Jigsaw II）

拼圖法是利用異質分組，讓學生組成專家代表，由每一組向專家做學習。拼圖法第二代是修改自拼圖法第一代，第一代的拼圖法每個專家是一個獨立的完整單元，而第二代拼圖法則整合獨立的單元，增加閱讀時間。李坤崇（2001）認為，這個方法的特色在於每組專家小組的組成。根據黃政傑、林佩璇（2008）的描述，拼圖法的順序如下：

1. 分配學生到各組。

2. 在小組內分配每位同學一個負責的專家主題。例如：以觀光學為例，共有五個主題需要專精：國家公園、國家風景區、森林遊樂區。

3. 每位同學必須研讀自己負責的主題，並專精此主題。依學生的程度給予充份的時間研讀。

4. 打散小組，讓各組的負責相同主題的專家，聚集討論，例如：國家公園的同學聚集在一起討論，並精熟主題。

5. 回到原來小組，報告自己研究的主題，讓其他同學也能學習不同的主題。

6. 進行小考，並將個別的得分，轉化成小組的得分。

7. 個人及團體表揚。

（三）團體探究法（Group-Investigation）

團體探究法是為了使學生一個多元化及加廣學習內容的學習經驗。依據黃政傑、林佩璇（2008）的觀點，團體探究法包含四項重點：第一、全班由不同的小組集合而成；二、設計多樣的學習任務供小組探究；第三，強調學生之間主動的溝通；第四，教師和小組溝通並帶領學生達成目標。

團體探究法包含了幾個步驟：

1. 界定探究主題並組成研究小組。

2. 撰寫研究計畫。

3. 進行研究。

4. 準備報告。

5. 口頭及書面報告。

6. 學習評鑑。

在高中階段的教學，常利用團體探究法來進行專題製作課程，或是有關成果展現類的活動。另外，也有文科老師，會以參加小論文比賽來鼓勵學生閱讀課外讀物、參加競賽，增加學生應用、分析知識的能力。

四、合作教學法的教學範例：以觀光學為例

觀光學的歷史發展單元，學生容易自行閱讀就瞭解，若用講述法，學生容易分心，因此，利用拼圖法，讓學生分組來學習每一個年代的特殊事件，專家先集合討論，再回到各組教會全體同學，然後全組聚在一起，將每一個時代的重點學會。教師依學生學習內容提問，回答對者可給予加分。最後統整每個時代的特殊觀光事件，馬上測驗，給予每組評分。

1. 以章節為專家分組討論的單元，並給予時間限制。

2. 同樣主題的專家聚在一起研討。

3. 回到組內，不同主題專家描述各個朝代的重點事件。重點可以畫在海報上，以海報呈現討論結果。

4. 分組上臺報告。報告時間限制三分鐘。

5. 老師提問，增加同學聆聽注意力，回答對問題，可另外得到個人加分。並給予同學回饋。

6. 統整報告內容，重覆重點。

7. 執行小組測驗，測驗大家學習的成果。

8. 老師講評、公佈個人及小組得分。

第三節　籃中教學法

一、意義及內涵

又稱為公事包教學法。其有一特點，所有的道具必須以類似真實的表單呈現，以使學生融入情境，扮演好一位專業的決策者。主要的訓練重點是針對管理人員的處理事情的能力，融合角色扮演的方式，以實際情境接觸未來會經手的工作專案與資料類型，培養學生作決策的能力，排定事情的優先順序。適合餐旅管理類科管理人才培訓，或者是有任何決策的議題討論。

圖7-8-1　分組合作完成觀光學的研討

圖7-8-2　分組合作完成觀光學的研討

二、籃中教學法的步驟

(一) **說明資料**

事先安排每位學生所要扮演的角色，例如臨時主管、櫃檯專員、業務簽約活動、爲顧客解惑並完成契約等等，以做爲模擬實際情況時，模擬當事者的想法及作業。

(二) **演練問題設計**

籃中教學法是一個非常講求隨機應變能力的演練方式。沒有永遠相同的情境，每次遇見的問題點都不盡相同，而教師就需要肩負情境模擬的主要控制者，每個學生的反應都有可能成爲變因。這樣的測試不僅可以刺激學生的反應能力，讓他們的口才能獲得提升，更能讓學生增加經驗，面對困難時有臨危不亂的勇氣。

爲模擬實際情境，教師應事先準備所有正式活動會用到的文件表格與圖表等資料，放在各公事籃中，讓模擬訓練更加擬眞。

(三) **事先須要時間控制，以作爲成效評估**

籃中教學法每次的演練，不會次次都導致相同結果，因此，演練結束後的評分與講解也格外重要。除了讓學生學會控制時間，掌握每次模擬演練的主控權、不被客戶、企業競爭對手等等拉走，時間的控制也是應該學習的重點。

建議教師在每次模擬結束後，可以開小組討論會，提出稍早情境演練的優劣，讓學生更加瞭解自己的優勢與需改善的空間。教師也應在演練中仔細觀察學生，以看見學生眞正的能力。對於表現良好的同學，也應表揚其答案。

三、籃中教學法的範例

以餐旅概論這門課，劉宛諭及劉佩宜兩位同學在「餐廳管理」這個單元設計的教案爲例：

若您爲餐廳的行政總主廚，當天基本條件與狀況：
■上班爲責任制（今天預計08:00上班）
■時間：2026/1/08
■8:30晨會、14:00午會
■每日收發mail

今日待辦事項共有11件，請問您如何排序？請問您如何安排今日的工作？哪些工作又可以延到明天再做呢？

順序	今日待辦事項
	1.與餐飲部經理約下週會議時間，討論目前營業策略和改進目標
	2.1/15要進行廚房消毒與小S慶生酒會撞期，需要至總務部協調
	3.提交下週行政會議重要議題與相關事宜—討論聯合國貴賓指定菜單與服務方式
	4.Haccp督導、規劃及衛生安全執行
	5.10:00食材驗收不合格（後腿肉有異味），請採購部處理
	6.15:00總務部、採購部、安全部偕同開會（主管行政會議）
	7.研發情人節菜單
	8.午餐前巡視和檢查各廚房食品製作的程序與衛生（晚上抽查）
	9.急件公文二份等待核准（瓷盤退貨單、宴會活動名冊）
	10.處理內場主廚（阿峰）與外場領班（小妮）爭執事件
	11.今日與廚師長年菜菜單定案

各式表單如下：

項目1. 營業策略改進目標

| 構面 | 項目 | 客戶或消費者注重之價值 | | | | ××目標市場 | | |
		競爭者 A	競爭者 B	競爭者 C	本公司	優序	短期（一年內） 重點策略	中長期 重點策略
價格		7	6		7			
產品品質	功能	8	7		8	1		
	可靠度	8	5		8			
	外觀	9	7		6			
交期	補貨速度							
	開發速度							
以下略								

*10為滿分。

項目2. 消毒清單

時間：2026.1.15　　地點：中餐廳		
消毒項目	1/15	1/30
門、窗		
不鏽鋼桌		
地板		
桌椅		
垃圾桶		
櫃子		
走廊上欄杆		
樓梯及把手		
電梯		
總務部簽章： 行政主廚簽章：		

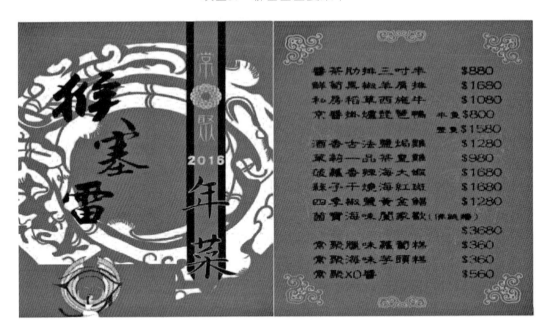

圖7-9　籃中教學法的教具要儘量仿真，增加臨場感

所有項目圖片，以眞實的表單，提供學生參考練習，以達到眞實性。

上課後提供建議答案，但允許學生有自我發揮的空間，只要理由正當。

順序	今日待辦事項
5	1.與餐飲部經理約下週會議時間，討論下半年的營業策略和改進的目標
9	2.1/15要進行廚房消毒與小S慶生酒會撞期，需要至總務部協調
6	3.提交下週行政會議重要議題與相關事宜—討論聯合國貴賓指定菜單與服務方式
10	4.Haccp督導、規劃及衛生安全執行
3	5.10:00食材驗收不合格（後腿肉有異味），請採購部處理
8	6.15:00總務部、採購部、安全部偕同開會（行政會議）
7	7.研發情人節菜單
4	8.午餐前巡視和檢查各廚房食品製作的程序與衛生（晚上抽查）
1	9.急件公文二份等待核准（瓷盤退貨單、宴會活動名冊）
2	10.處理內場主廚（阿峰）與外場領班（小妮）爭執事件
11	11.今日與廚師長年菜菜單定案

四、籃中教學法的教案範例

爲使大家清楚籃中教學法的範例，以劉宛諭及劉佩宜兩位同學的教案爲範例，讓大家知道其流程。

單元名稱	餐飲概論	班級	餐飲科三年二班	人數	25人
教材來源	餐旅概論、自編、飯店資料	指導教師	陳紫玲老師	時間	20分鐘
教材研究	「籃中教學法」又稱公事包教學法，在學校中對於培養學生對事先後次序的決定能力及處理程序能力的訓練，準備多種餐飲部門實際資料，安排學生模擬行政總主廚，模擬一日實際情況，讓同學能融入狀況，引導學生根據事情的急迫度與重要度判別處理的優先程度，使未來成爲行政階級高階主管有實務經驗做好足夠的準備				
學生學習條件分析	1.學生須具備基本的餐飲概論執掌與管理之知識有基本認知 2.能分辨事情輕重緩急之能力				
教學方法	籃中教學法 講述法、問答法、練習法	示範教師		劉宛諭、劉佩宜	
教學資源	1.公事包（內附課程相關文件） 2.電腦、投影機、簡報筆、麥克風 3.自製教具				

	單元目標	教學目標
教學目標	一、認知方面： 1.瞭解餐飲部門組織 2.瞭解管理階層執掌工作事項 3.瞭解對飯店事情重要程度 二、技能方面： 1.職場與職務溝通與協調能力之培養 2.培養分辨輕重緩急順序之能力 三、情意方面： 1.引起學生對管理階級之興趣，並且以管理階級 　為目標 2.能掌握事情處理過程時機	1.瞭解管理階級常處理之工作 　事項 2.瞭解事情的重要與急迫程度， 　培養思考處理問題的能力 3.引起學生對管理階級之興趣， 　培養學生成為主管之能力 4.讓學生模擬實際接觸，更瞭 　解職場

教學目標	教學活動	時間	評量	備註
準備階段	1.教學PPT 2.公事包（內附課程相關文件） 3.教具（磁貼餐具）設計準則			
動機引導	一、介紹今日上課內容－你是行政總主廚： 各位同學早安，先檢查自己桌上是否有一份公事 包？若沒有請舉手，請翻開資料夾，檢查內部資 料，請大家放在桌上，不要收起來，我們今天要來 當一日的中餐廳行政總主廚，讓大家知道平常行政 總主廚都處理了哪些事情？讓大家模擬當高階主管 的感覺。相信大家一定非常的期待 說明今日教學分為四部分： 第一部分：說明資料（5分） 第二部分：演練問題（8分） 第三部分：學生回饋（4分） 第四部分：綜合回饋（3分）	1分鐘	講述問答	PPT 封面
發展階段	一、回顧上週餐飲部門組織、執掌與功能： 行政總主廚工作內容 1.開菜單 2.巡視餐廳 3.成本控管 4.帶領副廚、二廚開發新菜單 5.主掌重要餐會、開會	4分鐘	講述、 問答	ＰＰＴ、 講解
	二、演練問題 讓學生模擬十年後自己成為中餐廳行政總主廚，並 帶領學生共同閱讀此11項事件的附件表單，讓學生 實際處理事務	8分鐘	講述	3分鐘 音樂

	今日待辦事項：			
	1.與餐飲部經理討論目前營業策略和改進的目標			
	2.採購部1/15要進行廚房消毒與小S慶生酒會撞期， 　需要協調			
	3.18:00聯合國貴賓要求現場指定菜單			
	4.Haccp督導、規劃及衛生安全執行			
	5.10:00食材驗收不合格，需要換貨			
	6.15:00採購部門偕同開會			
	7.設計情人節套餐			
	8.巡視和檢查各廚房食品製作的方式及程序			
	9.急件公文二份待核准（退貨單、宴會訂單）			
	10.處理昨日內場主廚與外場領班爭執糾紛			
	11.今日與主廚年菜菜單定案			
	當天基本狀況：			
	1.上班為責任制（今天預計08:00上班）			
	2.時間：2026/1/08			
	3.8:30晨會，13:00午會			準備 8
	4.主廚1/09前往法國Ecole Lenotre廚藝學院進修Joel 　Robuchon料理課程			分鐘音 樂、教
	5.每日收發mail			材
	給同學6分鐘分8桌討論，讓學生決策事情處理的先 後順序排列，如何妥當安排當天的工作？若處理不 完，哪些事項可以延至明天再做呢？於學習單寫上 同學安排過程原因，過程中適度指導和回饋			
	三、學生回饋		講述、	
	同學實際上臺分享剛剛討論的想法與結果，徵詢1-2 組自願講解最恰當流程	4分鐘	問答	
總結	四、綜合回饋		講述、	
	1.以學習單及表單統整最適合流程、方式及重點		問答、	
	2.詢問同學對於今天的課程有無任何問題？未來對 　行政總主廚此職位有信心勝任嗎	3分鐘	示範	
	3.請同學比較不同答案的原因並說明理由			

第八章

第(八)章

專題製作教學法

重點
大綱

專題製作教學法可分為廣義及狹義的說法。廣義的是指以專題式的教學法（Problem based learning），狹義的是指專題製作（Project making）這門課的教學方法。本章將以討論專題製作這門課如何教學為討論的重點，描述一、專題製作的教學目標；二、如何調整師生的心態；三、如何分組及開始專題製作課程；四、專題製作的時程掌控。

第一節　專題製作的教學目標

根據許多國內外專家學者的建議，同學們在高中階段，應為上大學作準備，加上，教育部的課程規劃主要是將大學所開設的專題製作往下延伸至高職，而此課程是公認能夠培養學生創作能力、問題解決能力、邏輯思考能力、時間管理能力、溝通能力及團隊合作能力的一門課，意義非凡。依據教育部的建議，在修習本課程之後，同學應具備下列的能力（如圖8-1）（引用自陳紫玲，2014）。

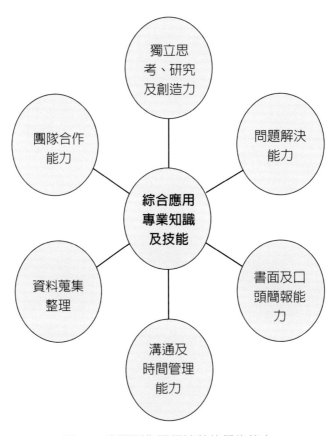

圖8-1　專題製作課程培養的學生能力

資料來源：陳紫玲（2014）。《專題製作》。龍騰出版社。頁2。

㈠ 獨立思考、研究及創造之能力。

㈡ 資料蒐集及整理之能力。

㈢ 團隊合作之精神，發揮群體合作之功效。

㈣ 運用所學進而解決問題之能力。

㈤ 綜合及應用所學之專業知識及技能。

㈥ 研究報告撰寫及口頭簡報之能力。

㈦ 溝通及時間管理能力。

技職教育講究實用性的課程模式，因此實務性的課程才能符合學生培養各種能力的方向，為了提升同學的就業能力，實務的專題製作，是所有技術型高中必排的課程之一。但是，因其培養的能力多元，加上必須運用的知識及技能也多元，教師為了達到這些目標，也格外費心費力。許多學校，將一個班級的專題製作交給同一老師指導，即使是分組，也需批改各組各個階段的報告。批改的時間及精力，不會輸給國文老師改作文的情況；有些學校則分組教學，讓不同的老師依本身的興趣及專長指導學生，有的可連結畢業專題，有的可連結專業實習課程；各種情形不一而足，但教授這門課，絕對不輕鬆。據周春美（2009）所言，專題製作最適合的教學法是合作教學法，而合作教學法中的團體探究法，則是最常運用的策略。合作教學法雖然教師較少講述，但在規劃及設計課程上，相當辛苦，也常需利用課餘指導學生。若學校對教師有得獎的期待，則更是辛苦。但沒有辛勤的耕種，也不會有甜美的果實。若用心指導，學生又得到一些獎項的肯定，對學生申請升學推甄有相當大的助益，為師也會很有成就感啊！

概括而言，專題製作課程的目標及透過專題如何達成，在陳紫玲（2014）專題製作一書中，已有清楚的說明，詳如表8-1所列。

表8-1　專題製作課程之教學目標

教學目標	透過專題如何達成
1.培養學生實務能力 2.培養學生驗證及應用能力 3.培養學生處理專門性問題 4.培養學生具有整理資料的能力	為了完成專題，同學們會以二年中在高中職所習得的課程為主題，選定一主題，找到問題，並且為了回答此問題，蒐集資料，以求得答案，藉由此過程，對專業知識得以更深一層的認識及理解

教學目標	透過專題如何達成
1.培養具有獨立思考的能力 2.培養具有解決問題的能力 3.培養學生自我規劃時間與品質的能力 4.培養學生團體合作之精神 5.讓學生學習負責任的態度 6.培養學生具有創造力思考	中華民國的學生，為了升學，習慣以背誦或練習來精熟各項知識及技能，但是，不是所有的能力都是透過背誦或練習可以得到，當有一個問題產生，如何去解決問題，是必須透過思考並結合大家的合作才能解決或找到問題的答案。例如：曾有外國人對我國的皮蛋沒有好感，因此，有同學們便針對此問題提出質疑並想出對策，發明了皮蛋酥，讓老外們品嚐後，詢問他們觀感，結果成功的改變了外國人對皮蛋的排斥感，這樣的專題，果然引起所有評審的青睞，得到了第一名的佳績，同學們在事後拍攝了影片，表達他們學到了各種能力，除了對食材運用的能力，更培養了團體合作及創造力思考的能力
1.培養學生具有口頭表達能力 2.培養學生具有文書寫作能力 3.培養學生具有電腦文書處理能力 4.培養學具有簡易統計分析能力及邏輯思考能力	各個學校為了鼓勵同學完成專題，皆會舉辦校內或班級內的發表及競賽，選出優良的專題作品，參與全國的比賽。同學們也為了完成一個好的專題作品，在文書撰寫及口頭表達能力都進步了，另外，現在的作品的呈現都需仰賴電腦文書軟體來編排，簡單的統計分析能力，也在過程中潛移默化的進步。更重要的是在專題製作時，運用邏輯思考的能力也增進了

資料來源：陳紫玲（2014）。《專題製作》。龍騰出版社。頁3。

第二節 調整師生的心態面對專題

　　不僅要使學生心態正確，新進教師自己的心態也必須調整。正向看待此門課，就像國文老師發掘優秀學生並指導其參加作文比賽，廚藝老師指導優秀學生參加廚藝比賽一般，在指導全班的專題中，一定會有表現突出的學生，給予機會，參與校內或跨校性的比賽，使學生得以展現其才華，讓學生的能力被加以肯定，甚至得以在未來的職涯上加分，無論是升學或就業，都是值得投資的時間。至於學生的部分，應該在下列幾個部分，加強其心理準備，自己教起課來，也會比較得心應手。

　　在此，僅以陳紫玲（2014）所列的專題製作應具備的心態來加強描述教師應具備的心態（以下標題引自陳紫玲，2014，頁4-5）。

一、團隊合作

　　分組運用，團隊合作能力尤其重要，教師宜強調學生團隊合作的重要性，至於要同質分組或異質分組，各有優缺，教師可事先規劃。

二、企圖心要夠

協助學生訂定目標，例如成果展、校內外競賽，鼓勵其得名，並說明得獎的優點，例如：全國賽得獎對升學甄試有加分。比賽分成二類，一為校內競賽，一為校外競賽（陳紫玲，2014）。

㈠ **參加校內競賽**

許多高中職，會先以校內競賽選出優良的代表，除了給予獎勵之外，並給予代表學校出賽的機會。近幾年因為得獎可以在升學加分，同學都想要參加，身為教師，難以決定派誰參加，因此，先舉行校內競賽是較公平的方法，透過競賽，學生也會提高把專題做好的動機。

㈡ **參加校外競賽**

校外競賽的種類有好幾種，但最常見的是小論文及全國專題競賽。小論文有時可結合國文科，訓練學生閱讀及寫作能力，不需要上臺發表。全國專題競賽則分為二種：一為創意專題，另一為一般專題。不管哪一種，通過書面的複賽後，若要爭奪全國名次，尚需參加全國決賽，而決賽時，口頭報告及展臺的呈現，則相當重要。

三、不輕易放棄

鼓勵同學毅力的重要，勿半途而廢，尤其同時有學業成績壓力、技能證照考試以及社團活動進行中，學生時間若無法調配好，很容易半途而廢，老師要不斷的鼓勵學生勿輕易放棄。

四、自主學習

培養學生自學能力，因此，要教會學生如何做，而非教學生做什麼。學生剛開始會依賴老師給予明確答案，但教師應該指導學生，自己找到答案，教師可以指點到何處找尋答案，而非直接給答案。當習慣及默契達成，學生就會學到與其直接問老師，不如先想想如何自己找到答案。

五、高EQ

無論是對老師表達、與同儕溝通或是向民眾詢問資料，都應有基本的應對進退及禮貌，遇到溝通不順暢時，也要鼓勵學生換個方式，隨時把自己的情緒調整好再出發。

六、勇氣

鼓勵學生要有勇氣，無論上臺或參與比賽才能讓自己的作品讓人看見。尤其學生若在高一高二間，未有上臺報告或者參賽的經驗者，容易怯場，教師可利用班上的活動時間，讓學生多次練習，或到他班練習，雖然花時間，但學生的勇氣就會被鼓勵進而展現出來。

七、過程重於結果

評量的方式，不僅以成果論，更要學生重視過程，過程也會列入評分。專題的分組若為異質分組，則可利用合作教學的評分策略，給予不同程度學生，不同加分的標準。

八、常懷感恩心

教會學生時時感恩他人的協助，懂得珍惜別人給予的協助。尤其在專題製作的過程，不只需要學校師生的協助，家長或社區資源及企業的協助，都要報以感恩的態度及行動。

第三節　分組及開始專題製作

此段主要描述如何分組是引用陳紫玲（2014）頁23至24的內容，教師在分組時可參考此作法。

一、專題成員的組成

分組常是專題製作的一個先決因素，有效能的分組，常是專題成功的第一要素。由於同學在同一班，大多有相互的認識，因此，有時老師會授權同學自行尋找組員。礙於同學的情誼，平常較有互動的同學，可能就因此而成為一組，但如此的組員組成，並不一定適合用於專題製作的分組，在此建議幾個分組的方向，供各班在分組時參考運用。最近群科中心主辦的專題比賽也允許跨科組成，或跨班級組成，這個部分，是配合比賽的任務分組，因此，還是得在建立個別班級分組的基礎上來進行（陳紫玲，2014）。

㈠最佳人數組合

一般而言，組別人數最好是在3至5人之間，最少不能低於3人，最多不能超過5人。因為配合小論文比賽，人數最多不能超過3人，而若想引導學生參加群科舉辦的專題製作競賽，人數最多則不宜超過5人。因此，人數在3到5人之間，可以有調整的空間。

㈡ 男女合班編組

　　高中的編班大部分是男女合班，爲了使男女之間達到互相融合與學習，可以男女合組的方式進行。男女因爲性別的差異，在思考點上也有所差異，利用男女合組的機會，彼此互相學習，可促進良性的競爭。

㈢ 分組方法

　　依每班同學的特性及程度，各自有不同的分組方法，依同學的決定權強弱可分爲三種：

1. 抽籤法

　　若全班程度相當，可以用抽籤的方法決定組別，只要性別比例相當即可。這種方法，同學無決定權，由運氣來決定。

2. 標竿法

　　若全班同學的程度差異大，老師可先挑出10位左右的積極且有領導力的同學爲組長，好比插旗杆，旗子定位了，再由同學們依自由意願來選要加入哪一組，老師在這種分組法中，可以微調性別及程度，使每位同學的能力均等。這種方法，老師與同學的決定權各占一半。

3. 任意法

　　由同學自行找尋志同道合的組員，形成小組，這種方法，同學的決定權十足。但要注意的是，每一班都有些較獨來獨往的同學，若沒有組別，老師仍要適時安排這些找不到志同道合的同學的人到願意接納的組別。

㈣ 分組組員任務編制

　　無論同學組別的組成爲何，老師必須強調每一個組員應有不同的任務，其中最重要的靈魂人物是組長，而每位同學也必須分配不同的任務，依同學的專長及意願來分工，切忌讓組長一人包辦所有工作而錯失讓同學們共同成長的機會。表8-2是組員任務編制表的範例，大家也可利用學習單來將自己分好的組員作一初步的工作分配。

表8-2　專題製作分組名單

	姓名	學號	興趣、學業專長	主要負責工作
組長	林○平	10501	旅遊、文書	統籌、文稿撰寫
組員1	蔡○真	10508	閱讀、電腦	蒐集資料、排版
組員2	李○宏	10522	電影、演說	訪談、資料統整
組員3	方○文	10533	烹飪、文書	配方實驗、資料輸入
組長4	葉○瑄	10542	美食、數學	配方實驗、資料統計分析

資料來源：陳紫玲（2014）。《專題製作》。龍騰出版社。頁23。

專題製作的第一個實質動作是訂定題目，光是訂題目這一個小小工作，可能會讓初次任教的教師絞盡腦汁，不知如何下手，建議大家可以先瀏覽歷屆的得獎題目，就可以瞭解個大概，並且鼓勵學生參考網站上的各種最新資訊，其中最快的是餐旅群科中心網站，有專題製作專區，歷屆得獎作品都有提供大家參考，另外觀察最新時事，也會得到許多靈感。建議教師們運用前幾章的創意教學法，例如用魚骨圖或腦力激盪法，來刺激學生的想像力，使學生能在時限內想出題目。有個好的開始。

訂定專題方向，建議教師可以從下列幾個原則來指導學生：

㈠ **配合組員們的興趣**

找出學生有興趣的題目，配合時事或是在高中二年來的所學發想。

㈡ **評估達成的可能性**

因為時間有限，教師宜把專題的完成底限先告知學生，並有清楚的時程表，學生便可依時程努力。

㈢ **教師評估其可行性**

當然最後一定要是老師覺得可行性高的題目，才可以進行下個步驟。

第四節　專題製作教學的時程掌控

教授專題製作，教師除了引導學生想出好的題目，開始分工製作專題之外，另一個重要的任務就是掌控時間，預先讓同學知道專題製作的時程，可以有效的在時間內幫助同學完成專題。為了幫助學生時效內完成，甘特圖是一個很好的規劃圖，可以預先把要完成的事項及時間，預定出來。如表8-3，便是一個甘特圖的範例。教師們要留意最後一欄，定期的跟每一組成員討論，是否有依時程達成。雖然計畫總是趕不上變化，但有了進度表的掌控，變化才不致於太大。

表8-3　專題進度表：甘特圖

學期／月 預定進度	上學期						下學期						達成檢核
	7	8	9	10	11	12	1	2	3	4	5	6	
討論範圍	▬												
文獻蒐集與閱讀（文獻）	▬		▬										
確定研究主題（動機&目的）		▬											
確認資料蒐集方法（研究進行方法）			▬										
進行資料蒐集			▬	▬									
資料整理、歸納與分析					▬								
資料分析結果與討論					▬	▬							
結論與建議						▬							
統整書面報告									▬				
製作power point或呈現的方式影片海報等									▬				
預演										▬			
口頭報告、進行評核										▬			
書面報告重新整理、完稿											▬		
討論範圍											▬		
文獻蒐集與閱讀（文獻）												▬	
預定進度累積百分比	2	5	10	20	30	40	50	60	70	80	90	100	

資料來源：陳紫玲（2014）。《專題製作》。龍騰出版社。頁29。

　　也可以參考表8-4，將預定工作項目與應繳交的作業列出來，並填上繳交日期，按表繳交，學生們就不容易漏交任何一項作業，而當繳交完所有作業，專題的完稿，也能依進度完成。老師依照此表，也能確保每組工作是否有依進度實施。

表8-4　專題製作：工作進度檢核表

組別：		組長：	（請簽名）	檢核日期：	
專題題目：咖哩飯口味大探索―找出臺灣人最喜歡的咖哩飯口味					
預定工作項目	應繳交作業或完成工作	預定完成時間	實際完成時間	老師簽名	
主題探索、確定、組員分工	主題試探表、專題計畫書、	上學期第二週（9/15）			
資料蒐集、文獻整理	文獻整理初稿	上學期第四週（10/1）			
研究方法確認、研究流程、研究架構	專題製作方法初稿	上學期第六週（10/15）			
實驗準備及實驗進行	實驗紀錄、照片、成品	上學期第十週（11/15）			
問卷設計及發放	問卷草稿	上學期第十二週（11/30）			
問卷資料分析	分析數據、圖表	上學期第十四週（12/15）			
結論撰寫	分析草稿	上學期第十六週（12/30）			
專題作品完成	專題報告書草稿	上學期第十八週（1/15）			
科內初賽	口頭報告簡報檔海報	下學期第二週（2/20）			
準備參加全國專題製作競賽	專題報告書完整版	下學期第四週（3/4）			

資料來源：陳紫玲（2014）。《專題製作》。龍騰出版社。頁32。

第三篇

教育實習

　　完成了教育學程二十六個學分的修課，並充分具備專業知識及技能，準備好應有的態度，同學們便要準備進入高中職實踐課程所學的各項理論及知識了。

　　根據「師資培育法」、「師資培育法施行細則」、「師資培育大學辦理教育實習作業原則」等相關法規。同學必須完成六個月無薪的實習，才可算完成整個師資培育的課程。取得參加教師檢定的基本條件。本篇針對這六個月的實習階段，分別說明，實習時應具備的知識及態度技能，以便同學在正式實習時調整心態，做好充分的準備。

　　本篇共分六章，分別為第九章行政實習、第十章教學實習；第十一章導師實習；第十二章教師的穿著、第十三章教學觀摩及演示以及第十四章實習檔案製作。以協助大家順利的進入實習現場，當個稱職並且受人歡迎的實習老師。

第九章

行政實習

重點
大綱

第一節　實習報到

　　一般而言，實習期間分為(一)8月制：自上學期8月初至翌年1月底止。(二)2月制：自下學期2月初至7月底止。而比較多的同學會選擇8月制的實習期間，端看同學完成學業的情形而定。本章的實習期間以8月制為例來撰寫。

　　每年的8月1日（遇到假日順延）是學校實習日的開始，在正式報到前，建議大家要跟目標實習單位聯絡，確認報到日期，並且準時報到。現在的高中職業類科，為了充分運用時間、訓練學生，讓學生在畢業前取得不只一張證照，都會在寒暑假規劃證照訓練班或者加強學科、術科的訓練課程，所以有時候，一報到，便會投入訓練課程的協助。

　　但是，大部分寒暑假的時間，學校步調及業務還是會稍稍緩解，讓老師有時間輪流休息，或是去參加研習，以利教師專業的發展。所以在學期一開始的8月1日報到，通常迎接實習老師的，會是學校的行政人員，因為學校是不打烊的，一年十二個月都要運作的，尤其，各處室都會利用寒暑假做些學期應準備的事項。所以就算輪流休假，學校都會有行政人員輪值及上班。

　　在同學報到的時候，負責實習業務的單位會來跟實習老師說明實習的單位及指導老師，指導老師分成三位：行政實習指導、教學實習指導以及導師實習指導。教學指導老師有可能同時會是行政實習指導老師或是帶班指導老師。如前述，老師若未兼任行政工作，在8月份不一定會在學校。因此，同學未必能在8月份就見到教學及帶班指導老師。所以報到時，大部分會由行政指導老師來安排實習老師8月份的工作。因此，大部分實習老師的學習都是從行政實習開始。

第二節　行政實習的主要工作

　　依照各校的實習辦法，會建議實習指導學校安排下列的行政實習項目，以國立高雄餐旅大學為例，行政實習主要的項目如下，括號內為主要習得的行政部門（國立高雄餐旅大學105學年度實習手冊，頁5）：

　　一、瞭解學校各種教育法規、章程、辦法（各處室皆有）。

　　二、學習校務計畫、行事曆、各處室年度工作計畫之擬定及各項活動的安排（各處室皆有）。

　　三、認識學校各處室的組織、編制、工作職掌及運作方式（各處室皆有）。

四、參與學校各項體育活動、團體活動（主要爲學務處及教務處、實習處）。

五、參加全校及各處室相關會議，瞭解決策過程（各處室皆有）。

六、參與學生的諮商與輔導（學務處、輔導處）。

七、共同維護校內環境整潔與學生的安全（學務處）。

八、做好學校臨時交辦相關事項（各處室）。

　　爲了完成上述的實習項目，師資培育學校會建議實習學校行政實習方面的安排，原則上希望實習學生於教務處、學務處、輔導室及總務處均有一個月的實習機會。以使學生有多元學習的機會，並且建議比較不適合行政實習之單位有人事室、會計室與出納組。但此爲原則性的建議，實務操作時，學生每個月輪調單位，要找到固定的指導老師也較難，因此大部分實習學校會傾向只安排一個實習的行政單位，才能有較深入的學習。普遍而言，若爲公立學校，大部分學生都有輪值二個單位的機會，而有部分公立學校會安排學生在實習處實習，學生也有較多的機會看到與教學專業相關的行政業務。雖然少見，但仍有少部分私立學校會安排實習學生在人事室或者圖書館之類的行政單位實習，因爲私立學校人力吃緊，學生若排在上述單位，表示有特殊的人力支援的功能，師資培育大學基於尊重，也只能配合。若同學希望在行政工作能有絕對的輪調學習機會，務必先打聽學校安排傾向。畢竟實習學校是由實習學生自己自主決定，若選定了學校，在合法的情況下，也務必配合實習學校的安排。

第三節　行政實習的注意事項

一、多問多請教

　　暑假期間是學習行政業務的好時機，大部分的學校，在暑假時，有較彈性的上班時間，例如各處室上班半天，下午每處室幾乎只留輪值人員一名。實習老師並沒有上半天班的機會，因此上班時間爲八小時。若遇下午只剩輪值的同仁，而剛好有較多的家長或新生來詢問相關事項，要儘可能詳細的回答問題，眞的無法回答者，就請教資深的同仁，再不知道，留下對方的連絡方式，等找到答案後，再主動回覆告知答案，切莫以不知道爲由，不理會家長或學生的詢問。多問才能多學，也才能展現良好的學習精神。

二、協助校外參訪

在暑假期間或學期間，可能因行政或班級業務，須隨同學生到校外參訪，若有校外參觀，須由各校之實習輔導老師領隊，實習老師只是見習及協助的角色，實習老師不得單獨帶隊，以免發生問題時，權責難分。若遇到實習學校如此安排，請實習老師委婉告知，讓指派此業務的教職員再思考並修正。

三、遇有權責義務工作時，應有的應對

如遇有行政單位要求實習老師協助庶務，如：報名資料核對、實施智力測驗與實施團體活動等，須由原校之實習輔導教師提供書面實施參考資料，第一次以見習為主。至於協助收取各項款項，不宜由實習學生單獨承擔責任，而是應由原校之實習輔導教師點收金額，以免有權責的問題發生。實習老師因為不具備正式教職員身份，所以，負有相對責任的行政業務，實習老師是無法承擔的，若實習老師遇此情形，也務必委婉告知指派此業務的老師或行政主管。若實習老師不方便提醒或說明，可委請擔任行政指導的老師，協助處理。若實習學校無人可協助，再請師資培育大學的指導教授協助溝通。

四、規劃時間，利用空檔讀書，但以實習工作為重

在第一個月的實習期間，實習學校因為只剩下行政人員，加上教學指導老師不一定會在學校，因此，實習老師可利用此段時間，詳細的規劃實習的行程表，並且利用此段較不忙碌的時間熟悉環境。若行政工作尚不繁忙，實習老師可以在公忙之餘讀教檢的書，但在讀書之前，應先詢問行政同仁們是否有要協助的事項，若暫時沒有，才可以讀自己教檢的書，但也不宜專注讀書，而忽略周遭環境，要隨時留意是否有需要協助的事項。要切記，實習老師到學校報到後，最重要的是學習擔任一位稱職的老師。因此，有些已實習完畢的學長姊們建議，若須要專注閱讀的部分，因為須要心無旁鶩，因此，不建議在學校進行。在空檔要如何讀教檢的書呢？根據有經驗的學長姊的建議，最好是在家就已看過教檢內容，整理一些需要背誦的重點筆記，在空檔時可反覆背誦為宜。所以，建議實習教師，剛報到的第一個月，應趁著較不忙碌的時候，每天晚上排定讀書的進度，整理筆記，方便隨時可反覆背誦重點。

在第一個月報到的時候，也應儘快與所有的實習老師熟稔，可以的話，組成讀書會，交換讀書的心得。若實習老師中，有較會整理筆記的實習老師，也可以向其請教，而這種交流，也應以互惠為前提，在其他人需要幫助時，要能主動提供協助，才不會演變成自掃門前雪，不管他人瓦上霜的局面。

第十章

教學實習

重點
大綱

第一節　教學實習的主要學習項目

　　教學實習普遍而言，在實習老師的眼中，被視為最為實務的學習。在學校上教學實習課時，因為沒有真實的學生，即使再多次的演練，也無法完全反應自己的教學好壞，這也就是到學校實習最重要的目的。

　　一般而言，實習老師在教學實習的項目有下列幾項（國立高雄餐旅大學實習手冊，頁4）：

　　一、充分瞭解學生起點行為、社經背景。

　　二、任教學科的教材準備、分析與運用。

　　三、教學計畫的擬定。

　　四、教學目標的分析與達成。

　　五、教學重點的掌握。

　　六、教學活動的設計與安排。

　　七、教學原理、方法、技術的靈活運用。

　　八、作業的安排。

　　九、教學情境的掌握與管理。

　　十、教學的評鑑。

　　十一、學生作業之指導。

　　十二、教學媒體之準備與運用。

　　十三、其他與教學有關事宜。

　　據上述，可知教學實習最重要的目的，在學會如何教學，包含課程設計、課程實施及課後評量及學生學習的輔導。這個部分，在師資培育大學的課程中，應該都已學習到基本的理論及技巧。因此，在實習階段，最重要的是如何實踐及運用。在實習階段，最可貴的學習也在此，建議學生，利用實習階段，好好的將教學實習落實。

　　教學實習在實習學期的期末驗收之前，實習教師應該多多的向資深老師請教與學習，在自己上場練習前，可先至教學實習指導老師的課堂上觀察，學習到指導老師的優點，瞭解教室內實際運作的情形。在教學觀察的規劃上，建議實習老師可從部定核心課程的科目來進行。以107年即將實施的新課綱為例，詳如表10-1，餐飲科及觀光科共同的部定專業科目有：觀光餐旅導論、觀光餐旅英語會話；部定實習科目有：餐飲服務技術、飲料實務；而專屬於餐飲科的餐飲技能領域的科目有：中餐烹調實習、西餐烹調實習、烘焙實務；而屬觀光科的觀光技能領域科目有：房務實務、客務實務、旅遊實

務、導覽解說實務、遊程規劃實務。

　　這些課程在一年級餐旅群共同的專業必修課程為：觀光科餐旅業導論、餐飲服務技術；二年級的餐旅群共同必修科目為：觀光餐旅英語會話、飲料實務。建議同學可以以此課程為觀察的重點，因為未來正式任教前要教師甄試的科目，也會以這些課程為主。而到學校任教時，任教這些科目的比例也很高。因此，若能利用實習的同時，加強這些共同必修科目的教學專業，會有加成的效果。

表10-1　107餐旅群課程綱要部定專業科目及實習科目

科目屬性	科目名稱		學分
專業科目	1. 觀光餐旅業導論Ⅰ Ⅱ(6) 2. 觀光餐旅英語會話Ⅰ-Ⅳ(8)		14
實習科目	1. 餐飲服務技術Ⅰ Ⅱ(6) 2. 飲料實務Ⅰ Ⅱ(6)		12
	餐飲技能領域 （適用餐飲科）	中餐烹調Ⅰ Ⅱ(8) 西餐烹調Ⅰ Ⅱ(6) 烘焙實務Ⅰ Ⅱ(8)	22
	觀光技能領域 （適用觀光科）	客房實務Ⅰ Ⅱ(4) 旅館客務實務Ⅰ Ⅱ(4) 旅遊實務Ⅰ Ⅱ(4) 導覽解說實務Ⅰ Ⅱ(6) 遊程規劃實務Ⅰ Ⅱ(4)	

資料來源：教育部餐旅群科中心。十二年國民基本教育技術型高級中等學校餐旅群課程綱要研修說明。公布於網頁：http://12basic-forum.naer.edu.tw/sites/default/files/12.%E9%A4%90%E6%97%85%E7%BE%A4%E8%AA%B2%E7%A8%8B%E7%B6%B1%E8%A6%81%E7%A0%94%E4%BF%AE%E8%AA%AA%E6%98%8E.pdf。

　　不過，有些實習指導老師，有不同的觀點，可能會視實習指導老師的專長來安排教學觀察的課程。這樣的安排，又可能有二個取向：一為順著專長來安排；另一取向為補足實習教師的專長。進一步說明，有的老師會因為認為實習老師的專長是烘焙，那就以烘焙作為教學的練習，使實習老師可以充分的學習教學的技巧。而有的老師會因認為實習教師應具備所有專長，若教師完全不瞭解某一科目的專業內容，則會刻意安排實習教師觀察上課的內容都補足此科目，例如：實習教師完全不瞭解烘焙實務的專業內容，則安排實習教師跟班上課，以補足此科目的專業知識及技術，若果真如此，實習教師可利用這半年的實習，好好的補足這個科目的專業知識及技能，但在教學技

巧上，可能就不是學習的重點。上述二個取向，各有優缺，在教學實習的安排上，端賴實習指導老師及實習教師的溝通，明白了二者的想法後，比較能有妥適的安排。但是若再思考一次教學實習的主要學習項目就可明白，第一個學習取向，較符合實習的眞意。至於科目的專業知能及技術，實習教師應在求學階段便具備，但若自身的專業知識及技能較不足，則要持續不斷的努力及進修。

現今技術高中也朝向升學爲目標，因此，在三年級的課堂教室內，三上的課程多著重在複習課程，此部分雖然也重要，但在教學技巧的呈現上較缺乏，加上實習老師尚未有充分的實務經驗，因此，很難像資深老師一樣循序漸進，可迅速累積有邏輯的理解及記憶方法。

第二節　教學實習的注意事項

關於實習教師之教學，須於上課前與實習輔導老師討論教案，教學時請實習輔導老師於教室內督導，下課後請實習輔導老師提供進改進意見。等到實習教師教學技巧熟練後，實習輔導老師得斟酌實習教師的獨立教學能力，給予實習教師上臺試教的機會。

基於多元學習之考量，實習教師得商請實習輔導老師代爲安排至其他資深教師之班級進行見習，意即，實習教師不只可以觀察自己教學輔導老師上課，亦可到其他資深教師的課室中觀察並學習教學技巧。

實習教師之教學總時數，依「師資培育之大學辦理教育實習作業原則」第二十七條規定，不得超過實習輔導老師基本時數的一半，而不是實習輔導老師超鐘點後之總時數的一半。這是最基本的規定，事實上，大部分的實習輔導老師在指導實習教師時，大部分先讓實習教師觀察自己上課，藉由做中學，學中覺的方式，循序漸進，瞭解如何將課程傳授給學生。

因爲法規的規定，實習教師不可單獨授課，意即，不可自己一個人在課室中授課，就算上臺練習，也應有實習輔導老師在現場指導，這才符合實習的定義。

雖然有些實習教師已有很多教學經驗，可以獨立授課，但在實習階段，仍不宜在實習學校擔任兼職的教師。若因經濟因素，在實習階段，報請原大學師資培育中心同意，必須有些收入而須要代兼課，但是應該避免在原實習學校，以免角色上的錯亂。

在每次練習教學後，建議實習老師自己設計簡單的課後回饋單，瞭解學生的反應，以作爲下次練習教學的參考。課後的回饋單可以依各人需求而

撰寫，但建議給高中生寫的回饋單，以簡單為原則。表10-2是一個可以參考的範例，適合給指導老師或其他實習教師以及學生們填寫。但大家可發揮創意，設計出可愛又令學生想要寫的回饋單。

表10-2　教學實習回饋表

親愛的老師／同學們好：

謝謝您跟我共渡一堂美好的課程，使我可以有練習的機會。請您寫下對我的建議或鼓勵，你的回饋將是我再進步的動力！

實習教師：○○○上

教學日期：		班級：					教學者：
科目：						評量學生：（可匿名）	
評量類別	評量項目	非常同意	同意	無特別意見	不同意	非常不同意	
		5	4	3	2	1	讚美及建議
課程設計與準備	課程設計符合教學目標						
	教學內容的安排得當						
	掌握所授單元核心概念						
	能備妥教材、教具、相資料						
教學情境	能配合教學單元布置情境						
	能維持適當的學習氣氛						
	能配合教動類型安排學生座位						
教材編選與教學方法運用	能依教學進行教學						
	能運用適當的教學方法達成教學目標						
	能以適合的方法引起教學動機						
	善用教學媒體呈現教學內容						
	教學態度良好且認真						
	善用發問技巧引導學生思考						
	善於溝通、傾聽學生的回饋						
	能就學生反應做立即性的回答						
課堂氣氛掌握	能掌握課堂秩序						
	講課時能適時走動巡視						
	獎勵制度運用得當						
	鼓勵學生，達成有效學習目標						

教學日期：		班級：				教學者：	
科目：						評量學生：（可匿名）	

評量類別	評量項目	非常同意	同意	無特別意見	不同意	非常不同意	
		5	4	3	2	1	讚美及建議
儀態與口語表達	態度親切自然						
	口齒清晰						
	穿著得體						
	講解具體明確						
	臉部表情自然適切						
	肢體動作合宜						
	語調自然有變化						
	說話速度適宜						

資料來源：修改自林進材、林香河（2013）。教育實理論與實務。——成為合格教師。臺北：五南。頁67-68。

第十一章

導師實習

重點
大綱

第一節　導師實習項目

　　根據筆者的調查，執行導師工作，以及班級經營，是最多新進老師頭痛的專業項目，原因不外乎，班級經營及導師的工作，包含了許多細項的工作，非一時一刻可以說明完畢。而實習老師在實習的半年期間，也只有三分之一的時間，跟著指導老師學習如何帶班。加上實習老師是在一旁觀察，並非親自操作，所以很多帶班的實務技巧，仍非常不足，又學生的狀況非常多樣，不同的班級屬性，不同的學生組合，又有不同的情形。因此，很難在短短的實習期間，就能全面的學習到導師帶班的各種技巧。

　　導師實習主要項目歸納如下（國立高雄餐旅大學實習手冊）：

一、學生各種基本資料的建立與掌握。

二、積極輔導班上學生的學業、品德、思想、行爲、常規、健康、整潔及生活教育等工作。

三、班級的經營。

四、檢查及批閱聯絡簿及其他作業。

五、考察學生出、缺席，並時時與家長聯絡。

六、經常與學生做全班、小組、個別談話，充分瞭解學生的個別狀況。

七、培養學生的自治活動。

八、指導及陪同學生參加校內外各種集會，活動，競賽。

九、督導及維護學生參加升、降旗及上、下學的路隊交通安全。

十、擔任值週導護工作。

十一、參加訓導會議及各處室相關會議。

十二、學期結束時，各項成績及表冊資料之填寫。

十三、其他與學生有關之事宜。

　　據於上述內容，一位導師所執行的工作，基本上都是實習教師要學習的部分。大部分的學校，會安排實習教師跟著一年級的新生班級來學習如何帶班。大家普遍的觀念認爲，一位導師在一年級將班級常規建立好，到了二、三年級後，帶班工作就會如倒吃甘蔗。但，其實，導師的工作變數很多，基本上，若學生個性特質不同、家長管教方式不同，都有可能形成不同的問題。實習教師及新進教師，要有心理準備，當導師的工作，是活到老學到老的一門學問，必須仰賴經驗的累積，以及不斷在輔導專業上精進，才能愈來愈專精。所幸未來若正式踏入職場，擔任導師，學校會有許多的研習機會，可協助導師充實導師知能，幫助導師勝任工作。

實習教師，唯一不能改變的是自己的心態，把導師的工作視爲神聖的任務，因爲每位高中生，都只有一次高中的學習經驗，能遇到一位有誠意、願意關心學生，且有能樹立班級規矩的老師，才是學生的幸福。對教師而言，則是最基本的義務。

第二節　導師實習應注意事項

實習教師在實習階段，有幸跟著資深的導師學習，是一件很幸福的事。珍惜此種學習的機會，在輔導老師的面前，實習教師的身份，是個學生，但面對高中學生，又變成了教師的身份，實習中的教師，應能妥善的變換自己的角色。

實習教師在學校的期間只有六個月，雖然時間不長，但仍應儘量融入學校的生活，尤其跟班上的學生，要盡快熟稔，至少要叫得出學生的名字。很多老師會做學生的檔案，或者名冊加上照片，在開學前，儘快的記住學生，是很重要的。大部分的實習教師因爲年紀較輕，也較無教學及帶班經驗，很容易被學生當成大哥大姊，也比較容易親近。但在此仍要提醒實習教師對學生而言還是老師的身份，不宜在放學後，跟學生有私下無關課業的聚會。例如：與學生去唱KTV、與學生私下聚餐或假日出遊。若有課後需要陪伴的活動，也絕對必須與課業相關活動的指導才行，例如：專題製作的指導、課業的輔導、技能競賽或檢定的練習陪伴。而這些活動也必須在輔導教師知道的情況爲之。學生若留校或假日到校練習，也必須取得家長的同意。

實習老師因爲比較年輕，在同學眼中，很容易變成大哥哥或大姊姊，有時學生在分際上拿捏不好，會在實習教師面前或用私下通訊的方式，抱怨導師某些較嚴格的作爲。身爲實習教師，對於這種情形，不宜表示認同。相反地，學生若有錯誤的觀念，應予以觀念的扶正。這類的情形不外乎導師反對學生男女交往、導師反對學生過度投入社團活動、導師與家長合作導正學生的錯誤習慣等。

在導師實習的階段中，應積極參與班級的各項活動。舉例而言，從每天一早的教室及外掃區打掃、開學的教室布置、爲了凝聚班級力量的校歌比賽、公訓活動、校慶運動會、選手訓練、技能檢定假日集訓。唯有積極的參與，實習教師才能貼近地觀察班級成員的個性及班級氣氛。從較貼近的觀察，實習教師，可以有更多的獲得。或許如此做，會犧牲個人的休息時間，但對於未來的教師之路，有無法言喻的效果。

第十二章
教師的穿著

人要衣裝，佛要金裝，得宜適當的打扮是實習教師應有的職場基本知識。第一印象是很重要的，對教師而言，在整體外表上都該給予別人一種「老師的模樣」。就算不化妝，也應該擁有好氣色，讓自己隨時隨地充滿精神，並且有著合宜的穿著。

第一節　教師服儀的重要性

　　何謂適合的穿著？筆者認為教師的服裝儘量以簡單穩重的造型為佳，不論男女，襯衫與簡單的套裝都是值得投資的服飾。尤其在技術高中職業類科，教師有著專業的形象，若穿著上較不注意，很容易會失去專業的權威形象。特別是在專業技術課程中，教師更應穿著代表專業形象的專業服裝。例如：烹飪課程應穿廚師服，而外場服務則應穿著外場服務的專業服裝，而且頭髮也需配合專業服裝梳理整齊，若過長則應綁起，或者以髮膠固定；穿廚師服時也應戴妥廚師帽。而一般理論課程則打扮得穩重端莊為宜。當然教師為導師，有時配合學校活動，例如：校慶運動會，也應有適合的打扮，穿著運動服為宜。在技術高中任教，學生約為15歲至18歲左右。學生剛過青春期，已是個小大人，因此老師的服裝儀容，也常是他們未來就業的模範。

圖12-1-1　教師著廚師服正面照

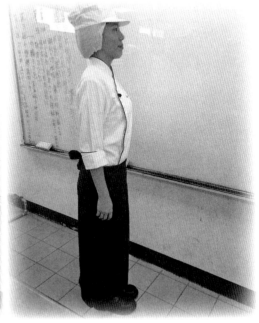

圖12-1-2　教師著廚師服側面照

圖12-2-1　男教師著外場服務服裝　　　　圖12-2-2　女教師著外場服務服

第二節　符合教師形象的穿著

一、女老師的穿著之道

在技術高中任教的女老師，除了專業課程應穿著專業服裝，如廚師服或者外場服務服裝之外。其他的理論或學科課程，可以朝下面幾個方向來做打扮。

㈠上衣

在上衣的穿著方面，最好能夠以半正式爲主，例如像是襯衫，顏色以素面爲主，不宜太花俏，還有帶領子的polo衫都可以列入考慮。除此之外，爲了避免性別上的挑逗，女老師的衣服不宜太過貼身，或者布料太薄，造成若隱若現的感覺，如此，很容易引起男學生的遐想，自己上起課來，也不自在。而老師常要舉起手寫黑板，因此，袖口不宜太寬，否則從側面可能可看到內衣。當然，領口過低的衣服也要避免，否則一彎腰，看到若隱若現的內在美，也會引起不必要的遐想。

㈡ 褲子或裙子

在下半身方面，一些比較休閒的長褲，都可以讓學生在上課時，比較不會有壓力，但絕對不要穿牛仔褲，牛仔褲有著純休閒的代表，穿上牛仔褲，常容易給人不夠正式、過於休閒的感覺。或許實習教師常看到實習的學校有些老師這麼穿，請牢記您專業的身份代表，不要受到影響。還有絕對要避免的服裝有：緊身褲、網狀絲襪、無袖上衣以及膝上十公分以上的短裙或短褲。

㈢ 正式服裝

在學校，有些日子，被視為重要且正式的，在這些日子裡，實習教師要特別留意服裝儀容，穿著要特別的正式一些。這些日子包含有外賓來訪時，或者有正式的典禮時，抑或是評鑑、教育部訪視的日子，再來可能就是班親會或者成果展之類的活動。當然您自己要教學觀摩時，也是要穿正式服裝的。何謂正式服裝呢？一般而言，女性在正式場合會穿著西式套裝，也就是上下身同一款布料或色系的服裝，可以是裙裝也可以是褲裝，也可以是一件式的連身洋裝。實習教師在尚未進入學校任教前，應該都要準備一套，既可應付正式場合穿著，亦可為未來參加教師甄試的面試做準備。

㈣ 配飾及化粧

在服裝上，如果搭配一些小飾品，像是手錶就是教師們相當適合的最佳配件。若套裝內有搭配襯衫，配條絲巾是很適合的。若因天氣太熱，只穿襯衫，則可搭配裝飾用的項鍊或胸針。但記得以素雅為宜，飾品不要喧賓奪主，而要畫龍點睛。

另外，女老師還可以化上淡淡的妝，給人有朝氣活力，而且這也是種禮貌；但是千萬不要濃妝豔抹，貼假睫毛，畫濃眼線，都可能會得到反效果。

在夏天易出汗的時節，擦點止汗劑，抑制大量的流汗也是必要的，也可擦點淡香水，使自己看起來清爽些。但切忌擦濃香水，容易引起反感。

至於鞋子，女性教師的鞋子選擇較多，可留意一個原則，鞋子務必前包後包。涼鞋應避免，鞋跟的高度，可為平底或是1吋到1吋半的高度為宜。過高的鞋子，對要站著授課的老師而言，會非常的辛苦，年輕女老師不宜為了愛美及時尚，而選擇2吋以上的高跟鞋，長期而言，對自己的膝蓋健康有不良的影響。

女教師的髮型應以乾淨俐落為主，長髮的女教師最好要綁起來或是紮起來。

另外，有些違反個人風格及自由，但是，做為學生的模範，不宜留長指甲，尤其更應避免塗指甲油。總而言之，上課時的打扮，應以「端莊優

雅」、「展現中規中矩的形象」爲選擇衣著的最高指導原則。

二、男老師的服裝儀容

(一) 上衣及長褲

基本上，男老師的穿著比較不像女老師有限制，在一般場合如教學時，可以穿著較爲輕便的衣著，像是休閒褲、西裝褲、polo衫或襯衫，並繫一條皮帶，同時上衣應該要紮進褲子裡，不可放在褲子外，很不美觀、整齊，除非是穿唐裝式的襯衫。

另外，在衣服方面，要以素面爲主，不過儘量不要穿著太過於花俏、複雜的衣服。若穿著正式西裝，西裝外套不應完全覆蓋襯衫的袖子，約半吋襯衫袖應留在外面。

(二) 鞋子及配件

至於在鞋子方面，應配合情況而定，比如正式場合穿著西裝時，則應搭配皮鞋；一般場合，穿著輕便時，則可搭配較爲輕鬆的休閒鞋；至於體育課時，一定要搭配球鞋，在運動或跑步時都比較安全；平常應避免穿涼鞋，因爲每個人對於涼鞋的觀點都不同，大部分的人認爲涼鞋較不正式，不宜上班時穿著。

在正式場合時，宜穿西式套裝；但是若天氣較熱，則宜穿著素色襯衫搭配領帶，領帶的圖案及顏色以素雅爲宜。襪子以深色爲主，須確保長度適中坐下時不會看到皮膚，偶像劇中時髦的男主角、穿皮鞋配隱形襪，並不適合在學校穿著。

在天氣太熱時，亦應擦止汗劑，良好的服儀，不只是視覺上的呈現，在嗅覺上仍要給人舒服的感受。

頭髮也是男老師應注意的地方，不宜過長，厚重的瀏海也應避免。

有些男士有蓄鬚的習慣，或者不習慣每天刮鬍子。雖無明文規定，但是在臺灣，對於鬍子有兩極化的反應，一個新任的實習老師，在打扮上，仍應留意給人清新、勤勉的印象，因此，建議應每天刮鬍子。手指甲也應常修剪，尤其擔任專業課程的老師，是不留長指甲的。

第三節　臺灣的整體教師形象

臺灣人在各種場合的打扮，除非有制服，否則主觀意識相距甚大，穿著打扮也都難有共識，相對於日本及其他歐美國家，臺灣的教師，未有一定的服儀規範。

其實，就連教育部也針對高中生的制服解禁了，希望學校不要規範學生的制服。就算是有制服，也希望學生能夠有一些彈性，例如，對女性學生不要硬性規定穿裙子，個人也贊同這樣的彈性，意即在一定的程度上，給予彈性調整的可能。

　　但是，不可諱言的是，傳統上，對教師形象的認知，仍然有些刻板印象，也就是要中規中矩，不能太過時髦，不可以強調個人形象等。因此，本章在此所提的原則，是針對新進實習教師的一些建議。眞實的教育現場，我們會看到許多老師，不太理會何謂專業形象，一切以舒服爲原則。實習教師進入教育現場，便可感受到此情形，而感到困惑。舉例而言，在職業類科現場，有些老師規範學生務必要穿著職業類科的制服，例如：廚服加廚帽、穿廚鞋、綁領巾。但教師自己，常是服裝儀容最不整齊的一位。身教重於言教，身爲職業類科的老師，應自己要求自己要有良好的服儀，才能將學生教得心服口服，並且樹立正確的職業形象。

　　但是若跳脫職業類科，一般的臺灣教師，尤其是資深的教師，可能會有各種不同的主觀認知，而產生各種形象，實習教師初入教育現場，可能會感到困惑，也可能會無所適從，建議實習教師，先以本章的原則要求自己的服儀，再依每個學校不同的文化，聽從指導老師的建議，來修改自己的服儀，以便融入不同的校園文化。

第十三章

教學觀摩及演示

重點
大綱

在實習的最後階段，也是最重要的成果驗收，就是教學觀摩了，在準備安排教學觀摩時，有許多重要事項要準備。最重要的是教學內容及教案的準備，以下分節描述。

第一節　教學準備

在第十章中，已經介紹了教學實習時應注意的事項。這裡所要提醒的教學準備，指的是期末教學觀摩的準備工作。

在實習的第二個月，也就是第二次返校時，實習教師可先與實習指導教授討論適合的教學觀摩時間。一般而言，較適合的時間，應該是在開學後的第14到第18週，也就是在實習的後三分之一時段，但要避免期末考試的前二週。

在期末教學前，應該準備的事項如下：

一、教案設計（請參考第三章）。

二、與指導老師討論教案。

三、與指導教授預約時間，至少二個月前。

四、製作邀請卡、教案、講義、海報。邀請卡分發的對象，除了指導老師外，在學校有互動的處室主管及曾觀過課的老師，都可邀請。當然不要忘記邀請指導教授。教案及講義的準備份數，應統計受邀者的出席人數後，比實際出席的人數多準備10%，差不多1至2份。

五、上臺演練，以其他班的學生為主或與其他實習老師互為學生。最好的上課效果，是至少演練一次。但切記不要同一班練習，應對不同班的學生做練習。例如在A班教學觀摩，可在B班預先演練、試教，並請指導老師及學生給予具體的回饋，以利改善。若學校同年級只有一班，則可針對虛擬的學生，或是請實習老師扮演學生，先行演練一次。

六、教學中，若有安排技能示範，準備示範器具。示範教學牽涉到技能的熟練度，因此，單獨技能的部分，務必練到熟練為止。有些重複的動作，可以示範一次，但必須先準備好半成品，使示範的時間，可以縮短。例如：麵包桿圓，可預先桿好八成成品，留二成現場示範。

七、預借示範教學及教學觀摩的教室。盡量用學生原教室，但若因某些教學項目需用到特殊教室，例如：電器化設備教室、烹飪教室、實習教室等，請預先向教務處借用教室。

八、若要示範，為使雙手方便操作及示範，應準備隨身麥克風，以免音量不夠大，最好是耳掛式的。

圖13-1　上課佩戴耳掛麥克風，方便雙手操作

第二節　教學演示

　　教學演示是教育實習階段相當重要的一環，也相當於期末的成果驗收。若能悉心準備，則可確保當日教學順利，對未來正式成為老師也有正向的增強。在教學演示當日，應注意下列事項：

一、接待工作安排

　　在教學演示當日，確認教室借用或位置調整都已完成，可以請其他實習老師協助茶水服務、導引指導教授到教學的位置、也要切記全程錄影、照相，這些資料，在做實習教學檔案時，都是重要的資源。在實習時，若能與其他的實習老師有良好的互動，則有助於自己各項工作的推動，所以，人際關係的維持是很重要的。但記住，要避免安排高中的學生協助這些工作，因

爲他們有基本的受教權，高中學生應專心聽課，不受外務影響。

二、打鐘準時上課，下課鐘響準時下課

有些受邀的老師或主管或許因公務，會較慢進教室，但身爲當日上課的老師，聽到鐘聲響完，就應準時上課，並且一開始上課時，可以與同學互相行禮，也請同學們轉身向教室的參與觀摩老師行禮。近幾年來，很多高中老師，會跟同學說上課不用敬禮了，但身爲實習老師的大家，仍應該保持良好的禮儀，上下課，跟同學互相行禮，除了互相尊重，養成禮貌的好習慣外，行禮的儀式，也等於告訴大家，正式上課了。

三、記得準備教學評量表、講義、教案及學習單給觀課老師

教學觀摩，對實習階段的老師而言，最大的意義是要驗收實習老師的學習成果，並且給予老師改進的機會。爲了使參與觀課的老師有所依據，每位觀課老師應該都有一份講義、教案、學習單，以及教學評量表，讓觀課的老師可以依據此，給予實習老師教學的建議。

第三節　教學檢討及改進

事後的討論相當重要，記得要約好時間、地點，讓觀課老師可以有機會回饋，實習教師得藉以吸收寶貴的意見。最適合的時間，是趁著教學觀摩當天，指導教授還未離開的時候進行。因此，在教學觀摩當日，應預先安排小會議室，或辦公室的會客區，請指導教授及指導老師一起給予實習老師建議。若指導老師有課，則先跟指導教授單獨討論，並留下書面的建議資料，再安排與指導老師討論當日教學觀摩的教學活動，是否有要改進之處。其他觀課老師也是先請他們寫建議表，再安排會談時間，經過資深老師的建議及指導，相信實習老師會有許多收穫。

圖13-2　教學觀摩完，可以與所有觀課的師生合影留念，並做學教學檔案的資源之一

圖13-3　實習觀摩完檢討

第十四章

實習檔案製作

重點
大綱

實習教師的評分，除了有60%是由實習學校評分外，有40%是由師資培育大學的指導教授來評分，而指導教授在評分這40%的時候，很大的依據是每月的實習心得、教學觀摩及期末的實習檔案而來的。

　　本章要特別針對每月的實習心得及期末的實習檔案來提醒同學撰寫的重點。

第一節　實習每月心得

　　實習教師在實習的六個月間，每個月會返校一次，在返校時，必須繳交實習心得月報告如表14-1。在繳交月報告的時候，應儘量完整，內容包含教學實習、導師實習、行政實習及研習活動四大項。而每個月寫完心得尚需讓所有的輔導老師過目，因此要預留一個星期時間，讓老師們有充分的時間過目，並預留空格寫評語。意即，實習教師至少要在返校一週前便寫好心得報告，以便有充分的時間，跑完核章流程。

　　如果每個月的實習心得記錄詳實，圖文並茂，則期末的實習檔案可從中整理或摘錄重要內容成為實習檔案的重要來源。很多實習教師會覺得製作實習檔案是一件費心費時的事情，但是，若平時就有蒐集資料的習慣，並隨

表14-1　國立高雄餐旅大學實習學生實習心得報告表

實習學生			實習學校	
實習科別			填表日期	
實習概況及心得	教學實習			
	導師（級務）實習			
	行政實習			
	研習及返校座談活動			
輔導建議及評語（含簽章）	實習學校	教學實習輔導教師		
		導師／級務實習輔導教師		
		行政實習輔導教師		
	指導教授			
備註：本表每月填寫一份，先送請實習學校評閱，再於每月返校座談交給指導教師，供作考評實習評量成績之參考依據				

時整理文字及圖片，要製作實習檔案就很快了。實習教師應記住這件事，以免到了期末，要準備教學觀摩，又要撰寫實習檔案，會感到有極大的時間壓力。有的實習教師甚至會拖到實習結束才要求指導教授給予遲交的機會，因為馬上要準備教師檢定的考試內容。這關係到時間管理能力，若在實習階段就養成凡事拖到最後才要做的習慣，那麼，到了正式當老師，有更多的事情在同一時間點要完成，要如何克服？因此，良心的建議，希望同學們能夠將時間規劃好，每個月把要放在實習檔案內容的資料蒐集好，每個月的月心得好好撰寫，那麼，要完成實習檔案就非常地快速。

第二節　實習期末檔案

一般而言，實習檔案應是紙本的，但近年來，為了保存上的方便，以及重製或印出的方便性，很多學校，開始要求實習教師只要繳交電子檔，實習教師可以先以文書軟體繕打好，最後再掃描成格式不易變化的PDF檔，燒成光碟或以學校規定的形式繳交。實習的期末檔案做得好，將來有可能被推薦參加教育部的績優實習生競賽。實習檔案也可稍微簡化，做成教師甄試的審查檔案。

期末的實習檔案應有的內容，大致上可分為九大部分，分別如下：

一、緒論

說明自己的實習即將開始，介紹實習的學校及單位。

二、簡歷

可以用表格呈現，亦可用條列式，圖文並茂的介紹自己。一些特殊的得獎獎狀，可以附在簡歷旁，做為佐證。

三、實習計畫

實習一開始時，參考學長姊的實習內容，可預先規劃自己的實習計畫。

四、每月實習心得（行政、導師、教學實習）

如上一節所示，認真記錄每個月的實習心得。

五、教學演示相關資料

期末的教學觀摩，除了教案、教材、學習單之外，當然輔以過程的圖片及反思，會更佳。

六、研習紀錄及感想

在六個月的實習中，返校時學校安排的研習，以及在實習學校參與的研習活動，應隨時記錄下來，並拍照存證，作爲實習檔案的一部分。

七、師長及學生回饋

針對教學、導師、行政實習，舉凡老師及學生的回饋，都可以留下紀錄，作爲教學檔案的一部分。

八、研習證書或研習心得、照片

九、結語

第三節　實習檔案範例

王姿珺老師在三民家商擔任實習教師時的實習檔案，是筆者相當欣賞的實習檔案，她非常有創意在網路上下載一個電子書的軟體，將內容打在電子書裡，並且運用地圖來做爲目錄及內容的分布，非常符合觀光科的特色。

其內容的撰寫也跟本書所強調的幾個重點一樣，主要分爲行政實習、導師實習以及教學實習。當然，最後要把實習期間的研習活動及心得也收錄其中。

更重要的是，在實習前，順利地、準時的繳交，爲實習畫下完美的句點。

引言

這半年實習就如同經歷了這六大洲，回母校實習，經歷的這些的人、事、物，這裡是在我花樣年華之時成長學習成長的地方，在人生這一趟旅程當中再返回自己熟悉又陌生的校園，景物依舊，角色不同，心境亦然。然而這些的過程都將成為滋養我教學成長的養分，常常想自己何等幸運可以在此資源豐富的母校實習，在我前往開始執教鞭的前哨戰可以在這裡學習教學、導師、行政以及學校運作。

這半年要感謝指導我教學的王麗美主任，老師總是亦師亦友，在這半年教導我觀光科的專業外，更教我許多做人處世，在教學技巧上更是殷勤的指導我如何教學能夠更提升自己；接著感謝指導我導師實習的葉秀建老師，對於學生愛心、關心、耐心的教導學生，就像老師說的「教育是無法一蹴可及」的，我想這就是為什麼看到學生的成長與改變時，心中的感或就感是無法用言語所形容的，兩位老師給予我許多肯定和建議，還是實習老師的福氣，可以遇到這樣好老師帶領，也期許未來的自己能夠這樣有耐心和專業去帶領著學生，最後謝謝負責我們所有實習生的莊明坤組長，剛到三民報到時組長殷殷諄諄的教導我們，上知天文下知地理，不同於業界凡事要自己學習，在莊組長身上我看到何謂教育何謂誨人不倦，再來就是我們的陳炎祐教授，在公務忙碌之餘，還要到各校訪視實習老師們。

恩師們的訓示學生都將謹慎茲在茲年記於心，雖然實習結束，但這半年的學習經驗歷程將會繼續跟隨著我的人生並往前往下一站旅程，不會結束。

Emily Wang in San Min.
2013 Jan

出發!
環遊世界
姿珺教師實習記錄簿

第十四章　實習檔案製作

203

目錄 Contents

03 行政實習 Administrative practicum

-站在巨人肩膀上學習

教務處

協助新生報到、路線引導及隨班訓練

參與生物均質化研習活動

透過此活動了解我也藉此了解何謂均質化，此計劃的執行是因為公私立學校間、城鄉學校間存在著教育品質及教育資源落差的問題，因此，結合社區內的各種資源來改善學校教育，提升教育品質，藉由與他校資源共享，而我剛好參與的是生物均質化課程，研習結束後臨時被任命司儀，活動結束後除了學習到校內活動舉辦流程，亦獲得到擔任司儀的經驗呢!

101學年度綜合高中學程分流、家長說明會

正逢綜高進行分流，在學生進行試探學程時，會請家長先來進行說明會，已讓學生家長了解分流內容，以及讓家長如何協助學生規劃自己未來的路。

國語文競賽-寫字比賽協助

03 行政實習 Administrative practicum

-站在巨人肩膀上學習

學務處

製作全校廁所笑話小語
評鑑資料彙整(98~100年與校長有約會議紀錄)
廁所整潔評分
製作校務會議資料
日本姊妹校簽約儀式

參與REP日本沖繩尚學中學接待並規劃CITY TOUR行程

由於日本學生來訪中一天假日是安排一整天CITY TOUR，我便主動提議規劃行程，由於之前曾經有規劃過德國人的行程經驗，所以我將經驗複製至此活動當中。

跟隨交換學生上課

日本老師將六位日本學生進行分組，讓班上學生能和日本人能近距離用日語溝通，我想三民的學生是很幸福的，畢竟這種難得的學習經驗是在其他學校部會擁有的，未來學校國際化交流勢必會成為趨勢，並且是提升學校競爭力的很重要的重點，在這裡我看到了推動國際化三民家商不遺餘力。

03 導師實習 Student Advisor

-站在巨人肩膀上學習

班級經營

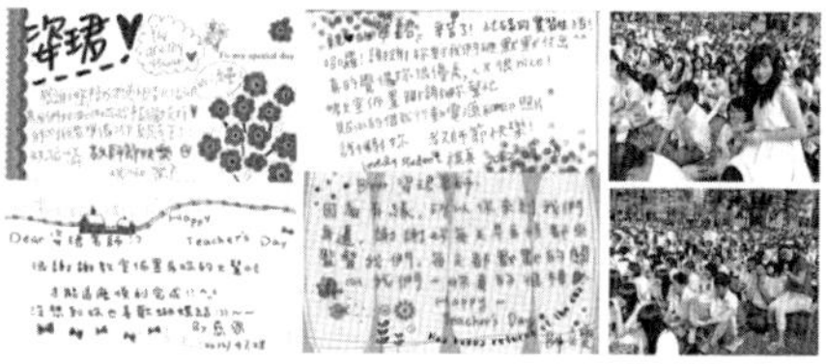

參與教師節敬師活動

928教師節時全校舉辦了教師節敬師的活動，學務處用心的規劃由各班代表向各自的班導師奉茶的活動，而在教師節當天當班上的學生送我教師卡片時頓時真的覺得很感動，即使平常因為評鑑的關係無法參與太多班上活動，他們也會將一些和他們共同參與的佈置、足壘球賽事等班級活動寫在卡片中，送卡片前還跑來問我喜歡什麼顏色，然後將卡片的包裝用上我喜歡的顏色，十足表現出Hospitality熱情款待體貼的精神，也讓我感受到學生的熱情與活力。

03 導師實習 Student Advisor

-站在巨人肩膀上學習

班級經營

班級學生接受民視採訪

大媒體報導三民家商穿著長褲需要核發長褲證的新聞，而正好又有媒體要來採訪之時，班上的學生就想到要在媒體面前表現出正向支持學校的一面，不希望讓此事的事件一再的傷害學校的校譽，並表達出自己愛學校的一面，除了在教室環繞著「我愛三民」的旗幟外，同時也喊著我愛三民，撼動著我們在場的每一位教師。

在這個事件的省思上覺得每位學生都有各種不同的可塑性，於此次活動我的輔導老師秀婕會尊重學生的作法，並且鼓勵他們說出自己的想法和做法，且協助他們尋求資源，這讓我學習到每一位導師所扮演的角色就是如何幫學生尋找舞台讓學生發光發熱，當越用心的呵護用愛與關懷灌溉養分給學生時，他們就會像花朵一樣越是綻放。

03 教學實習　Teaching practicum
·站在巨人肩膀上學習

觀摩教學　教學實習

汪家夷 主任
觀光專題及
領團實務·旅館管理

吳美香 老師
餐旅服務技術

陳淑芳 老師
觀光英文與會話

何種朱 老師
飲料與調造及餐旅概論

許如玲 老師
飲料與調造

陳儷欣 老師
餐旅服務技術

實 習前與教學指導老師-汪家夷 主任討論本學期觀摩課程，感謝三民家商諸位老師們，讓我有多元觀摩教學不同教師教學方法的機會，讓我像是站在巨人肩膀上，可以更快掌握教學的脈動和精神，而自己也更加思考未來如何呈現自己的教學。

| 16 |

03 教學實習　Teaching practicum
·站在巨人肩膀上學習

觀摩教學　教學實習

實際教學:領團實務-旅行業定義

此 章節由於為第一次授課，在指導老師的輔導下我針對觀光媒體、觀光主體、觀光客體做了教具，其實在實習過程中有任何教學的機會都相當難得，所以我把每一次的試教當作是教學甄試的演練，因此我會把握每次教學機會製作教具，並在上課過程中給有回答的學生巧克力做為獎勵。

❶學生對於此課【教學內容安排】調查

實際教學:領團實務-觀光的種類

指 導老師於第一次上課後建議我可以加深加廣課程內容，此章備課時我佐以大學時的教材課本，並且參考其他出版社同樣章節的內容，我發現同樣的內容不同出版社有不同的案例可以讓我分享，有助於我上課的教學深度，此外，在上這一章節時學生開始對我提問，學生詢問我UNWTO及WTO差異以及生態觀光及替代性觀光的差別。在回答過程中則是學習到回答學生問題技巧。

❶學生對於此課【教學內容安排】調查

| 17 |

04 研習活動　Thorough Study
·諮學不厭老·諮師亦不能學矣

◆'01年國際學校
教科課程餐旅科料
中心學校分區認商
輔導會議
◆101學年度第一學期
教育教學研習

◆高雄市創造力與想
像力教育研習活動

◆高雄市民學院烘焙
肉類課程
◆福市立三民家商
101學年度教職員工
急救教育研習
◆高雄市民學院中餐
肉類課程

| 37 |

04 研習活動　Thorough Study
·諮學不厭老·諮師亦不能學矣

◆如何指導基礎
生進行專題研究

◆教師陳業成長研
習·淺談學生專題
實務
◆葡式蛋糕研機製作
與拉花研習

◆三民家商汪家夷 主任研習
分級輔導

◆餐飲科、觀光科教師專業社
群創意料理研習

| 38 |

第四篇

最後一哩路

　　實習完畢，師資的培育就告一段落了，最後一哩路就是通過教師檢定及甄試，順利成功的當上老師。本篇包含三章：第十五章教師資格檢定、第十六章教師聯合甄試、第十七章任教職業倫理。

第十五章

教師資格檢定

重點
大綱

教師資格檢定近幾年的通過率大多在50%至60%之間。2016年甚至來到新低，及格率只有50.77%。未來要擔任教師者必須取得此資格才可以參加公立學校的教師甄試或者擔任各縣市的代理教師。因此，此資格檢定可說是成為教師的基本門檻，準教師不得不認真準備，以免先前辛苦的教師準備工作都白廢了。

第一節　教師資格檢定的準備

中小學教師資格檢定是從民國92年立法實施。有關於中等學校的教師資格檢定，共要考四科：國語文能力測驗；教育原理與制度；青少年發展與輔導；中等學校課程與教學。其考試的形式主要以筆試辦理，主要以選擇題主，簡答題與情境題為輔。其成績的計算方法，通過的基本分數為：應試科目總成績平均滿六十分；應試科目不得有二科成績均未滿五十分；三、應試科目不得有一科成績為零分。

各科的命題範圍如下（摘自高級中等以下學校及幼稚園教師資格檢定考命題作業要點），至於題型及內容比例，大家可參考命題作業要點中的詳細規定。

一、共同科目

㈠國語文能力測驗

包括國文、作文、閱讀、國音等基本能力。

㈡教育理與制度

教育原理包括教育心理學、教育社會學及教育哲學等（包括德智體群美五育理念與實踐）；教育制度包括與本教育段相關制度、法令與政策。

二、中等學校專業科目

㈠青少年發展與輔導

青少年發包括生理、認知、社會、道德、人格及情緒；青少年輔導包括主要諮商理論或學派、輔導倫理、團體輔導、行為輔導、生涯輔導、青少年適應問題診斷與個案研究及心理與教育測驗。

㈡中等學校課程與教學

包括中等學校課發展與設計、教學原理與設計、班級經營及教學評量等。

經歷了二年的師資課程培育，107學年度之前的師培生尚需經過半年的無薪實習，才終於要面對教師證照考試的檢驗，依林進材及林香河（2013）的建議，教師檢定考試的準備，可依下列幾個重點來進行：

1. 擬定完整的讀書計畫

真正開始準備教師資格檢定考的時間，愈早愈好，甚至在修習教育學程的專業科目就應該瞭解哪些科目是必科目，在修課時，把應該要熟記的理論，趁早熟讀，到了實習或考前，只剩下複習即可。而共同科目中的國文，更是無法短時間便可提升的科目，若平時便花時間熟讀，並配合作文的練習，那就更能提昇自己的程度。

2. 系統性的讀書習慣

配合自己的作息，固定時間讀書，把準備教師資格檢定當成學測或統測，養成固定時間讀書，並且有系統的讀書，才能有好的效果。

3. 選擇權威性的專業書籍

無論是共同科目或者是專業科目，都有不錯的權威性書籍，應事先詢問前輩的經驗，選讀幾本權威的書，把這些書讀懂讀通。

4. 善用歷年考古試題

在有系統的瞭解各科目的內涵後，可搭配坊間有些已整理好的總複習書籍，持續精熟閱讀，融會貫通，必能有相當的成效。

5. 熟讀學科內容知識

學科的知識，剛開始不用強記，但務必熟讀，有助於後面複習時的記憶。

6. 熟練各科模擬試題

可配合上網找一些不錯的網站，找一些模擬試題，練習模擬考試，測驗自己的成效，並檢測自己未讀熟的部份，加強練習。

7. 有效運用讀書時間

利用零碎時間做複習。自己可在熟讀階段先做筆記，而後，複習時只要看筆記即可。

8. 和同儕實習教師共同閱讀

無論是修習課程階段或是實習階段，都可以與共同修習師資培育課程的同儕或實習的同儕組成讀書會，分享筆記或模擬試題，如此，可以有加乘的效果。教檢只是資格考試，並無競爭的情形，多一位同儕夥伴，大家一起努力，效果也會增加。不要吝於分享，懂得分享自己手上的資源、筆記的人，往往是收到最多其他人分享資料的人。

9. 所有學科的準備均需均衡

教檢的科目，不能有一科零分，也不能超過兩科低於五十分，總平均要達六十分，因此，沒有一科可以完全被放棄。

第二節　教師資格檢定實務範例

　　爲了使大家瞭解如何準備教師資格檢定的實務，以下我們以已在公立學校任教的蔡銘修及鍾碧薐（蝴蝶）的分享做爲此單元的介紹，圖15-1是過來人學長姊們整理的時間安排，請大家參考。唯教檢前二天的祈求儀式，可依各人的教信仰，有所修正。

實習期間	教檢班	教檢班結束	教檢前二天	教檢當天
• 歷屆試題 • 返校座談教檢先修班	• 熟讀 • 練習問答題 • 向模範學習 • 團體戰	• 彙整問答題 • 分工找答案 • 20～30題 • 背背背	• 祈求文昌君保祐 • 堅持到最後一刻	• 用盡全力 • 寫寫寫 • 千萬勿放棄作答 • 有些至少有機會得分

圖15-1　從實習到教檢的時間歷程及安排

資料來源：鍾碧薐（2014）。教檢經驗談簡報。

　　而在準備教檢的心境上，過來人鍾碧薐建議實習教師應注意幾點：

　　一、快樂的半年實習結束，準備收心，讓自己的心境平靜下來。

　　二、教檢沒通過，學術科再厲害也無用武之地。教師檢定，是進入教育界的基本門票。因此，大家要盡全力先通過教檢。

　　三、評估倒數還有多少時間，準備考試複習計畫。若爲第一個學期實習者，通常實習完再扣除春節假期，約莫剩一個月。所以在實習前若已開始複習考試的科目，則有更充裕的時間。

　　四、考試的訊息蒐集。可參考網站：教育部高級中等以下學校及幼兒園教師資格檢定考試網站：https://tqa.ntue.edu.tw/ ，所謂知己知彼，百戰百勝。

　　五、瞭解考試的科目。國語文能力測驗、教育原理與制度、青少年發展與輔導、中等學校課程與教學。且在開始實習前就應該備妥相關的考試用書，以利隨時閱讀。

　　六、時間管理很重要。學校實習空檔，勿浪費時間，要多「翻書」。所謂翻書的意思是，進入考試前的末期，應該是劃重點、反覆檢視、溫故知新，不是重頭讀起，因此，應該在實習的過程或者更早之前，將書都徹底的

閱讀過才是，到了考試前，只剩下翻書式的複習。

　　七、放學後的時間分配。讀書會、補習班、依進度自學都可以，而且在實習時，就可以趁早安排。

　　八、過來人的教檢書單。以下是學長姊推薦的檢師檢定書單，大家可參考：

　　㈠ **教育概論（陳嘉陽上、中、下三冊）**：最重要，一定要熟讀，整理內化後不管是針對選擇題或是問答題皆游刃有餘。

　　㈡ **教育心理學（張春興版本）**：如果覺得陳嘉陽的書太深奧，就把課本再度拿起來讀吧 。

　　㈢ **國文**：搶救國文大作戰、語表大進擊（大威力）。

　　㈣ **作文要盡量拿分──佔40%**：書寫時盡量引經據典，但請舉例近期較有名的學者。所以要有背名言佳句的好習慣。

　　九、若學校有教檢的總複習班，參加教檢衝刺班，熟讀衝刺班的重點整理。只參加補習班，不斷聽課，而未自己讀入腦海是不切實際的。

　　十、當個聽話的學生，老師教到哪唸到哪，一個月後就全都唸過了。

　　十一、借助阿摩線上測驗 http://yamol.tw/main.php （選擇隨機試題測驗），多練習題目。

第十六章

教師甄試

教師甄試是成為教師前的最後一哩路，教師通過教師資格檢定後，要通過各學校的甄試之後，方能開始任教生涯，此章探討各種甄試的流程及內涵。讓準教師們有準備的方向，並開始做準備、邁向教師之路。

第一節　教師甄試的形式

一、教師甄試的種類

㈠ 公立學校聯合甄試

全國或各縣市合併辦理，通常第一關為筆試，筆試通過後，才有機會進入複試：即試教、術科測試及面試。

1.全國聯合甄試

每年辦理一次，輪流由某一學校主辦，調查各校合併辦理的意願，一起辦理筆試、面試、試教及實作測驗，有一定的公平性。亦可節省各項資源。為方便全國考生參與，通常會在中部的高職學校舉辦。

2.縣市聯合命題，分開甄選

為了撙節開銷，並統合資源的運用，各縣市調查完教師員額的需求，一起辦理筆試，但面試、試教、術科或實作測驗則分別由各校辦理。由於各縣市的缺額每年不同，餐旅群的高中學校需求也不同，因此，要常上各縣市的相關網站查詢資訊。

㈡ 各校獨招

私立學校通常會辦理獨立甄試，有些日期甚至會在公立學校聯合甄試之前。有些公立學校因臨時有教師的需求，或是原任的教師考上其他學校，來不及參加聯合甄試，因此，在六月底七月時也會獨立辦理獨立教師甄試。獨立甄試的考試項目，有筆試、試教、術科測試，也有可能有面試。若是私立學校教師甄試，有時在甄試當天或隔天，便會公告錄取與否，若錄取者，則會被要求，馬上繳交畢業證書，確認報到，並保留名額。考生若並非百分之百同意報到，有所猶豫者，請勿馬上繳交畢業證書或在畢業證書查驗後、離開考試學校前，當日取回，以免日後後悔要取回時，必須要繳交一筆罰款，作為不報到的懲罰。但收據上，各學校可能寫的是捐款。這筆捐款的目的，是作為學校行政單位在聘用流程上的時間及成本的補償。初任教師者，在第一份錄取工作的處理上，一定要小心謹慎，多請教前輩或師長，可避免此類的問題發生。

二、教師甄試各校缺額查詢

　　每年的教師需求名額都不一定，但已有多年，公立學校的教師甄試名額都在個位數以下，可說是僧多粥少、競爭激烈！請大家善用幾個教師甄試的網站，隨時查閱教師甄試旳訊息，通常可得知教師需求名額、考試科目、考試時間等實用資訊。當然，除了公立學校的全國聯合甄試之外，實習完的教師，有學校獨立舉辦教師甄試，也可以多試試。各私立學校的獨招或公立學校單獨辦理的教師甄試，則要多留意各校的網站。

　　下列幾個網站隨時有教師甄試的資訊，大家可以隨時上網查詢：

㈠ **教育部受委託辦理公立高級中等學校教師甄選資訊網址**

　http://210.70.75.12/S02_Publish_Main.aspx。

　以105學年簡章上公告資訊爲例，下列的時程供大家參考：

　105年4月12日公告；105年4月13日（星期三）起至4月18日報名；5月7日初試；5月28日複試。觀光科預計錄取3人；餐飲科預計錄取3人。最後根據1111教職網的訊息，餐飲科共118人報考，而觀光科共有84人報考。

㈡ **1111教職網公立高中職考程網**

　http://teacher.1111.com.tw/file_download.asp?fil_adr=high.htm。

　除了公立學校聯合甄試網頁，1111教職網，每天皆會有最新資訊的更新，且涵蓋公私立學校的求職資訊。唯要看詳細的資料及歷屆考題，需要先登入會員（免費）。

㈢ **私立高中職訊息網址**

　http://uni.1111.com.tw/forum/stat/105hplist.htm。

㈣ **臺灣師範大學就業大師（公私立、每天更新）**

　http://tecs.ntnu.edu.tw/ntnucareers/index_teacher.php。

㈤ **其他資訊網頁**

　教育部國民及學前教育署網站教育部中等教師選聘網教師甄選：

　http://www.tpde.edu.tw/ap/select.aspx。

第二節　教師甄試內容——筆試、口試、術科考試、試教

一、公立學校的考試規範

　　一般而言，公立學校的教師甄試包含了筆試、口試、術科實作、試教四項目。由於報名人數都在數十人以上，所以，會先以筆試做第一關的篩選，

且筆試的配分都高達40%以上，因此，若在筆試部份無法考到前百分之十的，錄取機會就會大大降低。表16-1及表16-2是105年度公立學校聯合教師甄試觀光事業科及餐飲管理科的考試規範，從中可看到筆試的科目大約都以部定核心科目為主，但107學年度部定核心科目將有重大改變，相信也會影響未來筆試的考科目，大家必須以新的簡章上的內容規範為主。

表16-1　105年度公立學校聯合教師甄試觀光事業科考試規範

科別	甄選方式		配分比例	項目	考試內容
觀光事業科	初試	筆試	40%	範圍	1.餐旅概論 2.餐旅服務技術 3.飲料與調酒 4.餐旅英文會話
		地點			國立中興大學附屬臺中高級農業職業學校
	複試	試教	20%	教材	餐旅英語會話第四冊
				版本	龍騰版
		實作	40%	範圍	1.餐旅服務技術（50%）（2小時） 2.飲料與調酒（50%）（2小時）
				時間	4小時
				工具	由複試學交提供
				服裝	自備餐旅服務及料調製服裝及廚師服（含圍裙及帽子）
				說明	餐服技術所涵蓋單元需設計成整套服務流程

表16-2　105年度公立學校聯合教師甄試餐飲管理科考試規範

科別	甄選方式		配分比例	項目	考試內容
餐飲管理科	初試	筆試	40%	範圍	1.餐旅概論 2.餐旅服務技術 3.飲料與調酒 4.餐旅英文會話
		地點			國立中興大學附屬臺中高級農業職業學校
	複試	試教	20%	教材	餐旅概論第2冊
				版本	龍騰版
		實作	40%	範圍	1.中餐烹飪實習（50%）（2小時） 2.烘焙實習技能檢定乙、丙級範圍（50%）（2小時）

教材教法與教育實習——餐旅群

科別	甄選方式	配分比例	項目	考試內容
			時間	4小時
			工具	由複試學交提供
			服裝	自備符合檢定規格之廚師服、工作鞋

二、私立學校考試範圍及項目

私立學校的教師甄試，一樣不離筆試、面試、試教及實作測驗四個項目，但是科目相對較簡化，如表16-3，筆試只含二科，實作也只有一科；而筆試的配分比，都會大大降低，以某一學校的簡章中相關規定為例，其筆試成績只佔25%；實作及試教佔55%；口試則佔20%，如表16-4。

表16-3　私立學校考試科目及範圍

科別	筆試	試教（12分鐘）	專業實作
餐飲科	餐旅服務技術、餐旅概論	餐旅概論 單元教案、教具自備	中餐
觀光科	餐旅服務技術、餐旅概論	餐旅概論 單元教案、教具自備	餐旅服務技術

表16-4　私立學校考試項目配分比

科別	筆試	實作	試教	口試
專業科	25%	30%	25%	20%

表16-5　私立學校考試流程範例

日期	次序	時間	項目	地點	負責人	備考
一零三年六月○○日（星期五）	1	07：50 ｜ 08：00	報到	○○教室	人事室	
	2	08：00 ｜ 08：10	教師甄選辦法說明	○○教室	人事室	
	3	08：10 ｜ 09：30	筆試	○○教室	教務處	

日期	次序	時間	項目	地點	負責人	備考
	4	09：40 ｜ 12：00	試教及口試	○○教室	實習處	
	5	12：00 ｜ 13：00	休息用餐時間	○○教室	人事室	
	6	13：05 ｜	專業實作	○○大樓 專業教室	實習處	

第三節　教師甄試歷程分享

一、觀光事業科範例

　　以下的資料及圖表，是在受完師資培育資格訓練，到高職實習完馬上順利考上國立學校任教的鍾碧薇所提供的在103年度全國聯合教師甄試，觀光事業科的經驗，她也參考也是實習完就考上國立學校的蔡銘修及張芳慈的教師甄試經驗分享的範例，以談戀愛的詼諧方式來描述其心路歷程，如圖16-1。而有關其教甄的歷程分享，則描述如下：

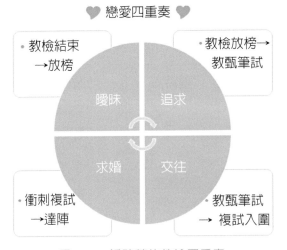

圖16-1　鍾碧薇的教檢四重奏

資料來源：鍾碧薇（2014）。

㈠ 考完教檢馬上進入教甄模式，餐旅群教甄不會考教育專業科目，只要看餐旅相關專業書籍即可。

下列是過來人們建議的書單：餐旅概論（全華版）、餐旅概論總複習、餐旅服務技術總複習、飲料與調酒總複習（龍騰版）、餐旅概論總複習（旗立版）、挑戰餐旅群專㈠2000題（龍騰版）、挑戰餐旅群專㈡3000題（龍騰版）。建議107年後，書單要依新的考科而調整，並非一成不變。

㈡ 在教檢放榜前，此時才剛讀完一堆教育理論的書，可以先做專業科目練習，讓自己荒廢已久的技術得以再次熟悉。

練習的項目可以是：一天學科考古題，一天術科練習；時間已不多，因此，術科的練習，可以選擇在家練習的項目，例如：口布摺疊、水果切割如表16-6；若是有場地可以練習，則可以練習考試機率最高的題目，例如：飲料調酒中的咖啡拉花、葡萄酒開瓶及倒酒服務。至於學科的考古題，11111教職網中，有許多題目可以練習，或者在實習時，便要蒐集高中學測核心科目（餐旅概論、餐服技術、餐旅英語、飲料與調酒）的總複習參考書，也相當有幫助。

表16-6　餐服術科練習項目

餐服術科—水果切割	餐服術科—口布折疊			
	客用	服勤	觀賞 （盤飾）	觀賞 （杯飾）
橘柚切割（直刀法、螺旋狀）	金字塔	大蓮花	星光燦爛 （小星光）	杯扇
奇異果切雕	土地公 （皇冠）	中蓮花	立扇 （蝸牛）	花蝴蝶 （公、母）
蘋果切割（六等份、八等份）	濟公帽 （僧帽）	小蓮花	和服	燭光
香蕉切割	躺西裝	服務巾	野玫瑰	蠟燭
火龍果切割	三明治 （帳篷）	酒瓶	女鞋	花蕊 （燦爛火花）
鳳梨切割	步步高升 （波浪、樓梯、法國摺）	刀叉口袋	大星光	天堂鳥
擺盤方式-綜合拼盤、佛羅里達盅	雨後春筍	麵包籃 （有蓋、無蓋）	帆船	金魚 （三折、四折）
	鐵甲武士	小星星	立西裝	孔雀
	星星		花苞	葉子
	錐形帽		天鵝	
	金武士		頭盔	
	歌劇院		野雁	

資料來源：鍾碧菠（2014）。

　　(三) 考完學科，不要等到公告成績才要練術科，應馬上專注於術科的練習，建議多練習，增加速度感及熟練度，以爭取高分。

　　術科的練習方向，是有跡可尋的，可參考歷年來的商業技藝競賽題目。各校為了訓練學生有好的競賽成績，自然也會以商業競賽的題目來測試準教師是否有良好的技術足以勝任此工作。而觀光事業科的教師適用的技能檢定乙級為飲料調製乙級檢定，因此，建議同學在學期前，也先著手準備，通過此檢定，對於教甄有莫大的幫助。其他如國際領隊及導遊執照，也應利用時間先行考取以利未來就業的需求。

表16-7　歷年來商業技藝競賽題目

102年	103年目	104年	105年
長檯鋪換、紙巾摺疊（10min）	葡萄柚切割（5min）	葡萄柚與香吉士拼盤切割技巧（9min）	水果切割（9min）香吉士與葡萄柚
過酒+鋪方檯+餐桌擺設（酒杯）（7min）	口布及紙巾摺疊（5min）	宴會長桌鋪設 宴會長桌檯布鋪設 紙巾折疊（9min）	認識各式菜單／鋪設檯布／鋪設檯心布／紙巾摺疊／餐具擦拭與擺設（10min）
服務流程（收拾展示盤及麵包盤）+上點心叉匙（6min）	飲料的服務（3min）1.Aperitif: Dubonnet On the Rocks 2.Table Wine Red Wine By The Glass 3.Digestif Brandy Straight Up	紅葡萄酒的服務流程（12min）	客房餐飲服務擺設（5min）／長托盤上肩托法（3min）／器具辨識（1min）
葡萄柚切割（5min）	席次安排與基本服勤技巧（1min）	西餐桌擺設／Silver service（12min）	西餐席次安排 咖啡茶服務（6min）

資料來源：全國高級中等學校技藝競賽平臺（2016）。2016年12月取自：http://sci.me.ntnu.edu.tw/Contest/HistoryQuestionsList。

　　而鍾碧蒏的術科練習內容則整理如圖16-2：檯布練習項目；圖16-3：餐桌擺設練習項目；圖16-4餐桌服務練習項目。

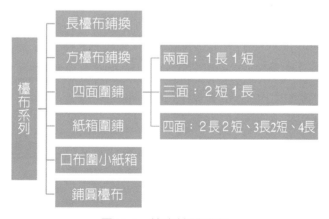

圖16-2　檯布練習項目

資料來源：鍾碧蒏（2014）。

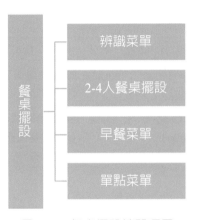

圖16-3　餐桌擺設練習項目

資料來源：鍾碧菠（2014）。

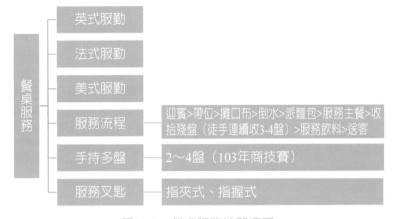

圖16-4　餐桌服務練習項目

資料來源：鍾碧菠（2014）。

　　㈣試教的部份，在實習時就要培養好的教學技巧，精熟各科內容，必要的時候，做一些教具，若在試教時運用，則有加分效果；當然板書也要勤奮的練習，字的美醜已不是重點，清楚夠大，且善用黑板是秘訣。

　　試教的流程則是如下：試教前15分鐘抽試教單元，準備15分鐘，試教時間15分鐘，試場為一般教室；試教的課本是空白的，不可以畫重點，可以自備教具，準備室有提供白紙（A4）、原子筆；總分大約都會落在70~90分的區間，除非出了很大的錯誤，否則都在這個分數區間內。下面幾點是試教時的提醒（參考自鍾碧菠）：

　　1.試教時，抽到章節後先決定要從哪裡開始上課，選自己擅長的部份試教，最好能融入職場或實習的實務經驗，但不要讓舉的例子變成了主要的教授內容，舉的例子要能有畫龍點睛的效果。

2. 進入試教的教室，先跟大家問好，在黑板上寫上自己的姓名，介紹自己是這堂課的老師，並說明今天的教授主題。

3. 評分老師要看的是你如何演繹重點，讓學生瞭解課程內容：引起動機、解析技巧、時間安排都是評分老師要看的重點，所以試教的十五分鐘內，過程一定要流暢。

4. 試教時一氣呵成，模擬臺下有學生；把試教當成是一場秀，突顯與眾不同之處，盡可能帶動氣氛，要能夠掌握教材教法的精髓。因為試教時，通常是用講述的方法，講述法的基本要領要多多練習。試教時也可依需要，適時的問學生問題，若沒有真的學生，則可以問完後，假設同學已回答，而複述答案，並給予讚美。試教若是餐旅英文，則宜多以全英文或百分之八十為英文的方式授課。

5. 若有準備教具，可以適時的呈現，但若沒有適合的教具，在黑板上寫下自己要教的主題，並且，講到專有名詞，也可以在黑板上寫下關鍵字做為補充。

6. 試教時間完畢，最好自己將黑板擦好，東西歸位，除非考場有強調不需要擦黑板。

7. 離開教室前，向主考官說一聲謝謝，再離場。

8. 試教時的服裝儀容，請參考第十二章　教師的穿著之建議。

㈤ 調整心態面對教甄

鍾碧薇的分享中，有幾點心態準備，可供正要參加教甄的同學做參考。

1. 做好事，結善緣

在學習及實習的過程，多幫助他人，關鍵時刻也會有人跳出來幫助你。常懷感恩的心，貴人才會出現。

2. 三分運氣，七分努力

天才是百分之九十九的血汗，只有努力不懈，才能邁向自己的目標。

3. 找到自己的信仰（拜拜秘境）

無論什麼信仰，自己虔誠的祈禱，會使自己正向增強自己的信心，往目標邁進。

4. 緣份很重要，是你的就是你的

只要盡了最大的努力，結果就交給老天去決定，不要得失心太重。若失敗一次，第二次會更熟練，很多前輩都是試了幾次才成功的。

5. 不放棄、堅持至最後一刻

6. 永遠記得最初的熱情

記住自己想成為老師的熱情，本來職業類科老師就不輕鬆，除了學科，技術也要一直更新，累積自己的能力，記住學習的快樂，未來也能將這份熱情傳遞給學生。

二、餐飲管理科範例

餐飲科的教甄，過程基本上一樣，但是，內容有所不同，以104年度考上公立學校的楊千慧為例，她不是一開始便考上公立學校，在過程中試過私立學校的教職，也當過公立學校的代理老師，幾次教甄的經驗，加上努力堅持，終於104年度考上了公立學校餐飲科的教職。她分享了一句經典名言：「成功的路上並不擁擠，因為堅持的人不多。」這句話適用各個領域，用在教甄也很適合。

下列幾點，是楊千慧的教甄經驗分享：

㈠ 整理楊千慧的考試經驗，教甄的考試題型如下

1. 某公立高中餐飲科代理老師考題
   - 橘柚切割
   - 卡布奇諾咖啡
   - 口布摺疊
   - 面試
   - 雙人床鋪床

2. 某啟智學校徵餐飲科代理教師
   - 試教：以不動火和刀的情況下，展演一節課（包含產品）
   - 面試：如有一筆經費，要製作餐會，要出什麼產品，和如何帶領學生
   - 面試：如果學生在教室有突發狀況，如何處理？

3. 某高中獨招餐飲科專任老師
   - 學科
   - 術科：雞肉創意料理、餐服餐桌擺設
   - 試教15分鐘

4. 某公立高中徵餐飲科代理教師
   - 試教15分鐘
   - 面試

㈡ **推薦書單**
- ‧餐旅概論 —— 全華、宥宸出版社
- ‧餐旅服務 —— 龍騰出版社
- ‧飲料調製 —— 龍騰出版社
- ‧練習題目
- ‧餐旅群專㈠2000題
- ‧餐旅群專㈡飲料與調酒
- ‧餐旅群專㈡餐旅服務
- ‧餐旅概論總複習卷A、B版

㈢ **書寫學科秘笈**
1. 單選題一定要滿分。
2. 複選題先寫會的，發現答案皆為兩個，一題不會就直接寫兩個選項。
3. 填充題一定要滿分。
4. 翻譯題只能靠平常累積。
5. 解釋名詞及問答題先看配分，依據行數寫答案，把課本一字一句寫完整，會寫的一定要寫，能畫圖就畫圖，有英文寫英文，並且舉例（似申論題，需照格式）。

㈣ **術科秘笈**
1. 課本內容：中西餐、烘焙、餐服、飲調等。
2. 乙、丙級課本及參考書，趁著大學時，趕快考取相關的乙丙級證照。
3. 歷屆考題。
4. 基本功：在高中及大學時代累積的術科實力，若自己參加過技藝競賽更好，若沒有，實習時陪著學生一邊學一邊練。

㈤ **試教**
1. 教具路線？！不一定要，板書更重要。
2. 熟讀試教課本，通常是核心科目。
3. 較容易出現的章節，要常常練習。
4. 找有經驗的老師幫忙看優缺點。
5. 本科的科目：現在準備。非本科科目：實習時多準備。
6. 上課也一樣要有起、承、轉、合。
7. 準備一張白紙，將上課流程寫下大綱。
8. 平常多上臺練習講課，才會進步。

㈥ **全國教甄時間規劃**

1. 初試考完隔天，立刻準備複試。

2. 不要設想結果，準備就對了。

3. 全力衝刺術科跟試教。

4. 學術並進，以自己不熟悉的比重做分配。

㈦ **104年度餐飲科教甄考題**

1. 中餐：蛋皮創意雙拼料理

指定材料：蝦子、海苔、蔥薑蒜、辣椒、青江菜、紅蘿蔔、木耳、湯筍、絞肉、雞蛋。

2. 烘焙：巧克力戚風捲（指定配方）

一半皮朝外捲起，另一半做創意蛋糕加上淋面（無配方），需有主題性。

3. 指定項目：玫瑰花加創意擠花

4. 試教

15分鐘宥宸餐旅概論第二冊，旅遊預警，一定要舉例！！

結語

在楊千慧回來學校分享時，最後也以二句銘言來鼓勵正努力的大家：「花若盛開，蝴蝶自來；人若精彩，天自安排。」這句話鼓勵了在教師甄試前就已經具備良好能力的人，也說明，教甄的準備應該在大學階段就提早開始，具備各種餐飲專業能力並考取各種證照；而對於經驗不夠，技術還在累積的同學，有一句話也適合鼓勵大家：「才華若撐不起野心，那就靜下來好好努力」。對於技術還不夠精湛的人而言，學就對了，做就對了，一直努力，總有一天會迎頭趕上。

呼應楊千慧的第一句名言，努力不懈才是成功的秘訣，對於在教師這條路上多所準備的大家而言，堅持到最後，不斷的努力，終會有好的結果的。

第十七章

任教職業倫理

重點
大綱

第一節　公私立學校的差異

　　公立學校福利好，制度佳，但僧多粥少，公立學校老師每年的需求，餐旅類科共十名左右。競爭激烈。若要到公立學校任教，要通過層層考試，不容易。私立學校相對較多，但同時有其他壓力，例如：學生生活管理的工作較複雜、有招生宣傳的壓力，配課相對較無主控權。公私立學校的退休制度也不一樣，因應少子化，有不少私立學校不聘專任缺，只先以代理老師聘，一年一聘，以免未來招不到學生要面臨裁員的窘境。圖17是在公立學校任職的優點，但要進公立學校任職，每年只有個位數的機會，但若有心，終究還是有機會的。但在此也給新進教師一個建議，無論公私立學校，在第一年能夠順利考上，都是應把握此任教的機會。只要願意把教育當成一種職志，無論在公立學校或是私立學校，都能完成這種理想的。

圖17　在公立學校教書的優點

第二節　實習老師職場倫理

　　實習老師在職場上已是老師的身份，對於實習的場域 —— 學校，雖非正式的員工，但仍得視自己為工作人員，而非單純的學生。而在實習後，配合

學生的職涯需求及學校整體的運作，建議大家應有下列的心態：

一、多做多得，心態要正向。同學是去實習、去學習，能夠多做一件事，便是多學到一個道理。

二、凡是不清楚的事，應詢問指導老師，切莫自作主張。

三、主動積極。

四、準時下班不是一件觀感好的事情，能否下班，應該是衡量每天的工作是否完成？提早十分鐘上班是好習慣。

五、在學生面前是老師、在老師面前是學生，角色的轉換要能適當。

六、實習老師應以指導老師為主，多觀察，切莫喧賓奪主。

七、重承諾，答應他人的事，務必做到。

八、把事情做好比把事情做對更重要。

九、別想在上班時看教檢的書，你／妳是去實習的，等同上班。但有空檔時，可以「翻翻書」。

十、與他人相處，以和諧的人際關係為努力的目標，即使是他校的實習老師，也是很好的同儕，可以互相學習及幫忙。

十一、配合學校擔任導師或行政人員的小幫手，是應有的職業心態。

十二、配合學生的職涯需求，輔導學生考取應有證照或者輔導學生參加競賽，是餐旅群老師應有的認知，實習老師也應該有此心理準備。

第三節　永續的職涯發展

通過教檢及教甄的考驗，若有幸成為一位職業類科的教師，要有個認知，學習是永不止息的。由於職業現場的知識及技能不斷在變化，沒有停息的一天，因此，隨時把握機會學習是重要的。舉例而言，一般而言，在高中階段餐飲科的學生，通常被學校要求要考取相關的丙級證照，而丙級證照每隔幾年會檢討，修改題目，最近中餐烹飪丙級、餐服丙級、客房丙級，都剛修改題目。而西餐烹飪乙級考題也設計完成，開始報考。餐旅群的老師，為了要能勝任此職務，必須不斷的進修，更新自己的證照資格，以求順利輔導學生也能考取專業的執照。新的技職教育法，規定職業類科教師要有業界的實務經驗至少一年，而且一定期間，要再充實實務能力，新進教師應有此心理準備，面對日新月異的環境及挑戰。

除此之外，指導學生參加技能檢定、成果展、專題製作、技藝競賽，都是餐旅類科教師的常態工作之一。教師必須在技能或相關專業充實自己，才

能勝任這些工作。以全國技能競賽為例，臺灣從民國57年開始舉辦第1屆全國技能競賽，每年辦理一次，教師們指導學生參賽，已成為年度盛事，發展了五十年來，為因應經濟快速發展對技術人才之需求，競賽職類亦由最初的14職類，增加至47個職類，共有五項與餐旅群有關：西點製作、西餐烹飪、餐飲服務、麵包製作、中餐烹飪。參加全國技能競賽獲得前5名之選手，除獲頒獎金與獎牌、獎狀外，並可依中等以上學校技藝技能優良學生甄審及保送入學辦法等規定，參加甄審或保送至大學相關科系進修，參賽之全體選手並可依據技術士技能檢定發證辦法規定：參加全國技能競賽成績及格者，自及格日起三年內，參加相關職類乙級、丙級或單一級技能檢定者，都可以不用再考術科測試（引自勞動部，2017）。因此，技術高中對於有潛力的學生無不努力栽培。為了使學生有好的成績，學校有好的辦學績效，擔任餐旅群專業科目的教師，幾乎每年都為此競賽，投注相當心力。新進教師或許自己未曾參與比賽，但若有選手在練習，也可跟著練習，一方面可陪伴選手，一方面也磨鍊自己的技術。

　　若未能馬上考上公立學校，在私立學校任教其實也是不錯的歷練，在私立學校任教，除了要能把學生的專業教好，更要在學生的輔導付出更多的時間，擔任導師是最常見的安排，若成為導師，則要好好經營班級，對學生有時是嚴師，有時又是益友，角色的拿捏要洽如其分。剛開始可能要揣摩一陣子，甚至要多向資深教師請教，但隨時間及經驗的累積，會愈來愈能掌握帶班的技能。除了帶班之外，私立學校在招生的部份，會分配老師們不同的任務，對於招生相關的活動，宜抱著正面積極的心態配合學校行政單位辦理。面對少子化的趨勢，若學校招不到學生，那麼也就無法有安定的任教環境，要把招生當成自己的責任之一，除了教好書之外，更要能夠為學校的永續發展盡一份心力。

　　對於努力了這麼久才成為老師的妳／你而言，準備好自己的心態，抱著活到老、學到老的心境，一定可以快樂的成為一個好的教師、人師。

參考文獻

江文雄（2000）。職業類科課程教材教法通論。臺北：師大書苑。

全國高級中等學校技藝競賽平臺（2016）。2016年12月取自：http://sci.me.ntnu.edu.tw/Contest/HistoryQuestionsList。

佐藤學（2012）。黃郁倫、鐘啓泉譯。學習的革命：從教室出發的革命。臺北：天下出版社。

李坤崇（2001）。綜合活動學習領域教材教法。臺北：心理出版社。

李緒武（1997）。社會科教材教法。臺北：五南出版社。

李亮生、蔡惠芬、林惠英（2013）。餐旅概論I。臺北市：旗立。

周春美（2009）。教材教法與教學實習。臺中：天空數位圖書出版。

林俊彥（2003）。技職學校本位課程評鑑。技職教育一貫課程評鑑。國立臺灣師範大學研討會，臺北。

林進材、林香河（2013）。教育實理論與實務。——成為合格教師。臺北：五南。

洪怡靜（2013）。高中職餐旅群教師教學效能與幸福感關係之研究（未出版碩士論文）。國立高雄餐旅大學，高雄市。

許麗雯（2012）。高中職餐旅群教師對98（99）課綱規劃與實施現況之研究（未出版碩士論文）。國立高雄餐旅大學，高雄市。

徐明珠（2006）。技藝教育之適法性與定位。國改分析，教文（析）095-021號。

勞動部（2017）。全國技能競賽。2016年11月1日，取自http://sc.wdasec.gov.tw/home.jsp?pageno=201111010002。

國家教育研究院（2016）。十二國國民基本教育技術高中群科課程綱要（餐旅群）。2016年11月15日，取自 https://drive.google.com/file/d/0B5K1SI3Se-1ZUVBFcmw0NUd1bzg/view 。

陳昭雄（1985）。技術職教教育教學法。臺北：三民書局。

陳紫玲（2014）。專題製作。臺北市：龍騰出版社。

陳龍安（2002）。創造力訓練課程設計與實施。創造力課程開發國際學術研討會大會手冊（185-214頁）。臺北市：國立臺北師範學院編印。

陳龍安（2006）。創造思考教學的理論與實際。臺北：心理出版社。

張世忠（1999）。教材教法之實踐-要領、方法、研究。臺北：五南出版社。

張世慧（2003）。創造力——理論、技術/技法與培育。臺北：張世彗。

張添洲（2000）。教材教法——發展與革新。臺北：五南出版社。

葉丙成（2015）。為未來教-葉丙成的BTS教育新思維。臺北：親子天下。

黃政傑（1996）。教材教法的問題與趨勢。臺北：師大書苑。

黃政傑（1997）。教學原理。臺北市：師大書苑。

黃政傑（2014）。綜合高中的發展與前瞻。師友月刊，559，1-4。

黃政傑（2014）。十二年國教高中高職入學制度啟動的問題與展望，臺灣教育評論月刊，3(9)，102-132。

黃政傑、李隆盛（1996）。技職教育概論。臺北市：師大書苑。

黃政傑、林佩璇（2008）。合作學習。臺北：五南出版社。

涂金堂（2009）。教育測驗與評量，五南出版社。頁14。

教育部技職司（2008）。臺灣技術及職業教育簡介。臺北市：教育部。

教育部（2011）。高級職業學校群科課程資訊網。2011年11月15日，取自 http://tpde.tchcvs.tc.edu.tw/course/。

教育部部史（2011）。教育大事年表。2011年10月22日，取自http://history. moe，.gov.tw/milestone.asp。

教育部（2011）。高級職業學校群科課程資訊網。2011年11月15日，取自 http://tpde.tchcvs.tc.edu.tw/course/course99/32-職校群科課程綱要.pdf。

教育部統計處（2012）。高職暨高中附設職業科（含進修學校）科別基本資料。2012年06月08日，取自http://www.edu.tw/files/publication/ B0013/100highprint.xls。

教育部（2014）。102 學年度公私立高中職應屆畢業生升學就業概況調查報告。2015年7月22日，取自https://stats.moe.gov.tw/files/investigate/high_ graduate/102/102_graduate.pdf。

教育部（2016）。少子化各階段人數預估。2016年7月8日，取自：http:// stats.moe.gov.tw/files/brief/%E6%9C%AA%E4%BE%8616%E5%B9%B4 （104%EF%BD%9E119%E5%AD%B8%E5%B9%B4%E5%BA%A6）%E 5%90%84%E6%95%99%E8%82%B2%E9%9A%8E%E6%AE%B5%E5% AD%B8%E7%94%9F%E4%BA%BA%E6%95%B8%E6%8E%A8%E4%B C%B0%E7%B5%90%E6%9E%9C.pdf。

教育部（2015）。中華民國104年度教育統計。取自：https://stats.moe.gov. tw/files/ebook/Education_Statistics/104/104edu.pdf。

教育部（2016）。餐旅群課程綱要。2016年3月4日，取自http://12basic- forum.naer.edu.tw/sites/default/files/12.%E9%A4%90%E6%97%85 %E7%BE%A4%E8%AA%B2%E7%B6%B1%28%E8%8D%89%E6

%A1%88%29_1106.pdf。

教育部統計處（2016）。高級中等學校科別資料。2016年11月2日，取自
　　http://depart.moe.edu.tw/ED4500/News_Content.aspx?n=5A930C32CC6C3
　　818&sms=91B3AAE8C6388B96&s=159044407A762F30。

教育部統計處（2016）。104學年度各級教育統計概況分析。2016年12月1
　　日，取自http://stats.moe.gov.tw/files/analysis/104_all_level.pdf。

教育部餐旅群科中心（2016）。十二年國民基本教育技術型高級中等學校餐
　　旅群課程綱要研修說明。2016年7月9日，取自http://12basic-forum.naer.
　　edu.tw/sites/default/files/12.%E9%A4%90%E6%97%85%E7%BE%A4%E8
　　%AA%B2%E7%A8%8B%E7%B6%B1%E8%A6%81%E7%A0%94%E4%
　　BF%AE%E8%AA%AA%E6%98%8E.pdf。

教育部高級中等以下學校及幼兒園教師資格檢定考試網站：https://tqa.ntue.
　　edu.tw/。

教育局校本資優課程教師培訓教材，（2014）。

葉玉珠（2006）。創造力教學-過去、現在與未來。臺北：心理出版社。

曾國鴻（1999）。課程發展。技術及職業教育概論，287-324。臺北市：師
　　大書苑。

楊朝祥（1984）。技術職業教育辭典。臺北：三民書局。

產學合作資訊網（2014）：https://www.iaci.nkfust.edu.tw/Industry/index.
　　aspx。

曾怡菁（2015）。廚藝創造力課程融入國中西餐實務課之研究。國立高雄餐
　　旅大學餐旅教育研究所未出版論文，高雄市。

曾明山（2009）。實施高職機械科新課程之因應措施研究──以臺中縣市
　　學校為例。（未出版碩士論文）。國立臺灣師範大學工業教育學系，臺
　　北市。

劉如菁譯（2014）。Hal Urban 著。好老師會做的20件事。高雄市：格子外
　　面文化。

蔡振蒼（2008）。我國觀光餐旅業組織公民行為研究之回顧與前瞻。休閒暨
　　觀光產業研究，3(1)，111–134。

賴清標（2015）。教育實習新論。臺北：五南出版社。

雙軌訓練旗艦計畫（2014）。http://www.dual.nat.gov.tw/toAction.do。

羅玲妃譯（1998）。Tony Buzan, Barry Buzan著。心智繪圖─思想整合利

教材教法與教育實習──餐旅群

器。（The mind map Book.）。臺北：一智。

廖俞婷（2015）。技術型高級中等學校餐旅群學生學習壓力、情緒智力與幸
　　福感之相關研究（未出版碩士論文）。國立高雄餐旅大學，高雄市。

鍾碧薔（2014）。教檢經驗談簡報。

Eberle, R.F. (1971). Scamper：games for imagination development. NY. D.O.K.
　　Publisher, Inc.

Eberle B.(1982). Visual Think：A "SCAMPER" too for useful imaging. N.Y.
　　D.O.K. Publisher, Inc.

國家圖書館出版品預行編目資料

餐旅教材教法與教育實習——高中職餐旅群 /
陳紫玲著. -- 二版. -- 高雄市：國立高雄
餐旅大學, 2020.11
　面；　公分
ISBN 978-986-99592-6-1 (平裝)

1.觀光旅遊職業教育　2.教材教學
3.教育實習

528.828　　　　　　　　　　　109015038

1LAD 餐旅系列

餐旅教材教法與教育實習
高中職餐旅群

作　　　者 — 陳紫玲

出 版 者 — 國立高雄餐旅大學（NKUHT Press）

發 行 人 — 楊榮川

總 經 理 — 楊士清

總 編 輯 — 楊秀麗

副總編輯 — 黃惠娟

責任編輯 — 高雅婷

封面設計 — 姚孝慈

出版/發行 — 五南圖書出版股份有限公司

地　　　址：106台北市大安區和平東路二段339號4樓

電　　　話：(02)2705-5066　　傳　　真：(02)2706-6100

網　　　址：https://www.wunan.com.tw

電子郵件：wunan@wunan.com.tw

劃撥帳號：01068953

戶　　　名：五南圖書出版股份有限公司

法律顧問　林勝安律師事務所　林勝安律師

出版日期　2016年12月初版一刷
　　　　　2020年11月二版一刷

定　　　價　新臺幣320元

GPN：1010502610

本書經「國立高雄餐旅大學教學發展中心」學術審查通過出版